M&Aは地域活性化のソリューション

改訂版

企業の価値を未来へつなぐ地域金融機関

株式会社 日本M&Aセンター
株式会社 きんざい
編

株式会社きんざい

日本の中小企業の経営資源はM&Aで守る

株式会社日本M&Aセンター
代表取締役社長
三宅　卓

1 地域経済を救う地域金融機関

いま、日本の地域経済は非常に大きな危機に直面しています。一つは後継者不在です。中小企業の約66%が後継者不在で、廃業の危機にあります。

もう一つは、地域経済の担い手である労働人口の減少です。若者のUターン率が低く、若い活力が減少しています。これについては後述しますが、地元に魅力ある企業が少ないことが原因といえます。この二つが地域経済の大きな課題となっています。

私は、こうした地域の危機を救えるのは地域金融機関しかないと考えています。その理由としては、地域金融機関はリレーションシップバンキング戦略によって、地元企業と長期的かつ包括的な取引関係を築いており、定量情報、定性情報の両面において取引先企業の実態を把握できていることが挙げられます。

具体的にいうと、定量面では融資を行っていることから財務情報、資産情報を握っています。定性面では、地元の金融機関として経営者を熟知しています。経営者が高校生のころにどんな成績だったのか、どんなスポーツにがんばってきたのか、息子はどういう人物でいま何をしているのかまで把握できています。さらに、事業性評価によって、事業の生命線は何か、将来性はどうか、ということまで把握しています。このような金融機関は、地域金融機関しかありません。この観点から、地元企業を熟知している地域金融機関しか地域経済の危機を救うことができないと考えています。

実際、地域金融機関のトップからは、「これからは課題解決型の金融機関になることが求められており、地元の企業が抱える課題を解決できる金融機関にならないと存在意義がない」という覚悟をよく聞きます。

2 地域金融機関が抱える課題

一方、地域金融機関も大きな課題を抱えています。一つは地元経済の衰退です。地域金融機関は地元と密接に関係しているがゆえに、地域の盛衰は地域金融機関の経営に直結します。地域金融機関にとっても地方創生は解決せざるを得ない課題なのです。

もう一つは、収益源の確保です。低金利政策が長期化し、ゼロ金利どころか部分的にはマイナス金利も導入されています。そのため、貸出と預金の金利差、いわゆるスプレッドは縮小するばかりで、金利収益の確保が困難になっています。国債による運用益も縮小しています。さらに、コロナ禍で融資先の経営状態が悪化すれば、経営破綻に備えた引当金の積み増しが必要になってきます。貸出金利の低下や資産運用の低迷などで利益水準が低下しているところに引当金の積み増しとなれば、地域金融機関の経営体力はさらに失われます。

地域金融機関にとって、コア業務による収益の劇的な回復が望めない以上、役務収益を伸ばすことは必須といえます。私は、この二つの課題を同時に解決できるのが、M&Aだと考えています。

事業承継のM&Aは、一つには手数料が見込めます。もう一つは、会社を譲渡した人には株式の売却資金が相当額入ってきますので、それに対する投資信託や保険商品を販売が見込めます。預かり資産化するチャンスや財産承継のコンサルティングチャンスが発生します。さらには、買収する企業に対しては、買収資金の融資チャンスが発生します。新規開拓にもつながってきます。

このように、M&Aというソリューションは、地元企業が抱える課題を解決しながら、収益の拡大にもつなげることができる、一石二鳥の解決策ではないかと思うのです。

3 地方創生はすべての企業のレイヤーへの配慮が必要

私は、地方創生をライフワークにしており、全国津々浦々を訪れていますが、地方には、さまざまな企業があります。そのすべての企業のレイヤー（階層）に対して目配せをする必要があるのではないかと思うのです。事業承継問題を解決して中小企業を存続させたら、その地方が豊かになるかというと、そうはならないからです。

例えば地域金融機関の視点でいうと、ベスト5ぐらいまでの中堅企業が明確な成長戦略を持って成長・活性化していないと地元は良くなりません。ですから、中小企業の事業承継問題を解決すると同時に、中堅企業の成長戦略をきちんと策定してあげて、成長・活性化させることが大切だと思います。

また、地方の山間部やへき地に目を向けると、そこにはインフラを担う〝なくてはならない零細企業〟も存在しています。例えば、タクシーが7台しかないようなタクシー会社もあります。都会なら、さっさと廃業しビルにして1階にコンビニエンスストアにした方が地域のためにもなりますが、地方は車7台のタクシー会社がなくなるだけで、ライフラインがなくなる場合もあるのです。若者は一人もおらず、バスも1日に1回しかこないような場所では、病院へ行くにしても、食料品を買いに行くにしても、タクシーは欠かせない交通インフラになっています。

たとえ零細企業であっても、地域にとって必要な企業は、残していかないとライフラインが切れてしまいます。「小さい企業はどうでもいい」というのは都会の考え方であって、地方はそうではありません。当社ではバトンズというインターネットマッチングの仕組みがありますが、こういう仕組みを活用して残していくことが大事だと思います。

一方、優良企業については、その地区のスター企業に育てていくことが重要です。例えば、奈良県。奈良県には偏差値60以上の高校が15校もあります。一番レベルの高い東大寺学園は78です。偏差値78は、京都、大阪のナンバーワン校を超えます。では、その奈良県では、大阪、東京へ優秀な学生が進学して何人帰ってくるのかというと、Uターン率はわずか10・3%です。100人が県外に進学して10人しか戻ってきません。どうしてこういうことが起こるのかというと、働きたい企業が奈良には少ないからです。日本には3700社ほど上場会社がありますが、奈良県には上場会社が5社しかありません。大学を卒業した元気のいい優秀な若者が、「ここに勤めて自己実現したい。会社とともに成長して地元に貢献したい」と思える会社が極めて少ないのです。

長崎県はもっと深刻です。長崎といえば、日本の名門県です。江戸時代は出島で世界との窓口を担い、かつては医学の最先端でもありました。明治維新の時は富国強兵のために製鉄・造船で栄え、日本経済をけん引してきました。

その名門である長崎県には、偏差値60以上の高校が14校あります。しかしUターン率は5・6％です。上場企業は1社しかありません。しかもこの1社であるリンガーハットは、長崎発祥の企業ですが、今では、本店こそ長崎においているものの、本社も工場も長崎にはありません。ですから、実質、長崎県の上場企業は0社です。これで地方創生がいいのかという話です。

新規に上場企業、つまりスター企業をつくっていく必要があります。当社は地域金融機関と一緒に、東京証券取引所が運営するプロ投資家向けの株式市場「TOKYO PRO Market」への上場支援事業に力を注いでいます。将来的には東証1部に昇格するようなスター企業を創出することで、雇用の拡大や地域経済の活性化に貢献していこうとしています（東証は「プライム」「スタンダード」「グロース」の3市場体制に移行予定）。

最近の例では、39歳の経営者の会社をサポートしました。肥後銀行の肥銀キャピタルから資金調達を得て、TOKYO PRO Marketへの上場を実現しました。2年後にはマザーズ上場を目指しています。

当社はTOKYO PRO Marketの上場審査資格（「Jアドバイザー」）を取得しており、地方銀行と協力して毎年1社ずつ上場させていきたいと考えています。そして、若者に夢を与えて、Uターン率を高めていこうとしています。

また、企業数の減少に歯止めをかけ、地元に新しい息吹を吹き込み、生産性を高めていくためには、ベンチャー企業の育成も大切だと考えています。当社では、ベンチャーソサエティーを紹介したり、ピッチコンテストをやったり、ベンチャーキャピタルに紹介するなどしていますので、この点についても当社を活用していただければと思います。

4 官・民・金の一体となった努力が求められている

日本の380万社の中小企業のうち、現在、245万社の経営者が65歳以上であり、2025年には245万社が70歳以上になるという現実があります。70歳以上というと、事業承継ぎりぎりの年齢ですが、その人たちに後継者はいるのかというと、127万社が後継者不在です。つまり、127万社が廃業に向かって一直線に進んでいるということです。

一方、日本の就業者人口はどうかというと、20歳から65歳までの人が2000年には8000万人いましたが、2035年には6500万人に減ると推計されています。さらに2060年には4000万人強まで減ります。つまり半減するということです。

127万社が廃業して、働く人の数が半分になった結果どうなるかというと、国力が顕著に下がります。いま、世界に占める日本の名目GDP比率は5・9％（内閣府「GDPの国際比較（2019年）」）です。しかし、「2050年の世界　英『エコノミスト』誌は予測する」（文藝春秋）によると2050年の日本の世界に占めるGDPは1・9%に低下するといいます。GDPが落ちるとどうなるのかというと、日本の豊かさはまったくなくなり、日本の文化も国防も維持できなくなるでしょう。

　こうした背景のなか、中小企業庁は「中小M&A推進計画」を取りまとめました。前述のように、後継者不在の会社は127万社ありますが、そのうち黒字経営は60万社です。黒字ということは、おいしい食品を作っているとか、素晴らしい技術があるとか、地元の文化を担っているなど、何かしらの良さがあって地域から必要とされている企業です。この企業が廃業になれば、地元の文化も、技術も、雇用も喪失してしまいます。そこで、この60万社をなんとか存続させようというのが中小企業庁の考えです。10年間かけて、1年間で6万社ずつ残していこうとしています。これは日本にとって最優先事項であり、官・民・金が一体となって取り組む必要があります。

　「官」の施策としては、「経営資源の集約化に資する税制」の創設、「事業承継・引継ぎ補助金」の補助上限額の引き上げと予算措置、「事業承継・引継ぎ支援センター」の体制整備と予算措置によって、中小企業を当事者とするM&Aを円滑にかつ安心して実施できる環境整備を推進していきます。

　「民」の施策としては、後述のように、業界団体を創設してM&A仲介業務の全体的なレベルアップを図っていくことが挙げられます。

　「金」つまり金融機関の施策としては、地域密着のリレーションを用いた課題の解決です。M&Aの専門部署をつくったり、民間との連携をしたりすることだと思います。民間との連携がなぜ必要かというと、一つは、M&Aを推進するためには全国規模でのマッチングが必要だからです。もう一つには、地域金融機関は職員のローテーションという問題があるため、真のプロの育成に課題があるためです。民間とタッグを組んで、高い品質のサービスを提供していく必要があります。

　さらには、M&Aのチャンス拡大があるためです。現在、当社の企業評価システム「V COMPASS」を銀行のシステムに組み込んでいる機関もあります。地域金融機関が持っている企業の決算書データと、われわれのV COMPASSの地域別、業種別の営業権データを結合することで、非常に精度が高く、かつ簡易に企業評価額を算出できるようになります。これにより、スピーディーなアプローチが可能になります。地域金融機関のなかには、全顧客の企業評価額を算出しようという動きもあります。

5 業界団体の創設

　既述のように、中小企業を存続させるための施策として、M&A仲介は大きな柱になっています。しかし、日本型のM&A仲介は、売り手と買い手の双方から手数料を受け取るため、「利益相反」等の問題が内在する可能性があります。今後M&A仲介をさらに活性化するためには、これを解決する必要がありました。

　これらの問題に対して中小企業庁は、「中小企業の経営資源集約化等に関する検討会」を開催して、中小M&Aを推進するうえでのさまざまな課題を検討してきました。私もオブザーバーとして委員会に参加しました。

中小M&A仲介の実務に関して、中企庁の方と委員会の先生方に、大手三社である日本M&Aセンター、ストライク、M&Aキャピタルパートナーズを視察していただき、われわれがどれだけ公正な価格形成をしているか、利益相反の排除をしているか、満足のいくM&Aの提供に努力しているのかを全部見ていただき、その努力についてご理解いただけたと思います。

しかし、「ブティック」と呼ばれているM&A仲介業者は全国に３００はあります。その大半は、ここ2年ぐらいでできたところで、社員数が4名以下のブティックも相当数あります。そういうブティックは、経験もノウハウも不足しているのが実情です。

そこで、まずは、大手3社にオンデックと名南M&Aを加えた5社で業界団体を設立し、リーダーシップを発揮していこうということになったのです。設立後には、地域金融機関との連携を深めさせていただきます。設立の目的は、「中小M&Aガイドライン」の普及と遵守、苦情の受付などに取り組み、M&A仲介業界の全体的なレベルアップを図ることです。

レベルの高い業界団体を目指しますので、品質をきちんと担保できるブティックや金融機関に加入していただこうと考えていますが、団体に未加入のブティックや金融機関に対しても啓発活動や研修活動を行い、業界全体のレベルアップを実現していきます。

一方、中小企業庁は、事業者に対して、中小企業庁への届け出制にして、「中小M&Aガイドライン」を徹底することで、利益相反問題等をクリアし、健全な仲介が行われるようにしました。こうした取組みには、官・民・金一体の態勢が求められます。

6 M&Aは今後ますます重要性を増してくる

今後、M&Aはますます重要性が増してくると考えています。その理由の一つは、前述のように事業承継のビッグウエーブがこれから到来するからです。今、２４５万社の経営者が65歳以上ですが、２０２５年には２４５万社が70歳以上になります。いよいよ「待ったなし」の状態です。

それにコロナ禍が拍車をかけました。事業承継の前倒しが起こっているのです。これまで事業承継は先送りされる傾向にありましたが、いま、先送りが前倒しになっているのを実感しています。それほど、「もう疲れた、心が折れた。早く事業承継してハッピーリタイアしたい」と話す経営者が増えているのです。

その一方で、決断を迫られている会社も増えています。２０２０年の4月、最初の緊急事態宣言が出された時は、なんとか地域金融機関から緊急融資を受けて、7月ぐらいからお店を開けたり、工場を回したりしましたが、いまだに黒字転換できていない会社が山ほどあります。そういう会社の資金繰りが、また苦しくなってきているのです。「追加融資を受けて、さらに傷を深くしてもいいのか、傷が浅いうちに廃業かM&Aした方がいいのか」、この決断を迫られています。

もう一つの理由は、就業者人口の減少です。こちらも加速してきます。こういう悪い条件のなかで地方創生をしていかなければならないのです。そのためには、中小企業はM&Aで存続させ、中堅企業は活性化して成長戦略を実現させ、スター企業をつくり、ライフラインを担う企業を残し、ベンチャーも育てる。こういうことを全方位でやっていく必要があります。

地方創生のためには、海外へ目を向ける必要も生じています。特に東南アジア諸国連合（ASEAN）主要6カ国のインドネシア、マレーシア、フィリピン、シンガポール、タイ、ベトナム。そこへ進出して、製造拠点を設けたり、販売拠点にしたりすることが重要となってきます。

ASEANは急速に成長していますが、R&D(Research and Development)つまり企業等の研究開発は遅れています。日本は、研究開発に関しても先進国です。全ての業界にわたってR&Dが進んでいます。日本のR&DをASEANで活用することでASEAN諸国の成長も加速できますし、日本の経済も活性化できます。

今後、ますます地域金融機関の存在が重要となってきます。地方においては、地銀・信金が地方の経済、生活、文化、伝統、雇用などを守っています。この地域金融機関の収益基盤が脆弱《ぜいじゃく》になり、存続の危機に立たされています。これは大きな問題です。これを克服するためには、地域金融機関のトップが話しているように、問題解決型の銀行になるしかないのではないでしょうか。問題解決をしていくなかで地元の企業や人々に喜ばれ、役務収益が上がっていく構造にしないと、地域金融機関の存続は危うくなります。そのためのビジネスモデルとして、M&Aは大事な一つの商品になっているのではないかと思います。

こうした環境下、今回、地域金融機関のトップの方々との鼎談（ていだん）を本にして刊行することは、時宜を得た企画であり、意義深いものだと思います。それが当社の30周年記念の年にできることは喜ばしい限りです。

本書で紹介する地域金融機関の地方創生への取り組み、ソリューションビジネスへの取り組み、そしてM&Aの取り組みは、全ての金融機関の方々の参考になると確信しています。

CONTENTS

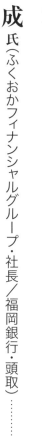

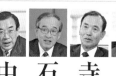

CONTENTS

［TOP鼎談］

地域活性化と中小企業支援における地域金融機関の役割

本文は、2013年10月～2021年11月まで
『週刊金融財政事情』に掲載された「TOP鼎談」をまとめたものです。
三宅卓氏（株式会社日本M&Aセンター 社長）と
一般社団法人金融財政事情研究会および株式会社きんざいがホスト役を務め、
金融機関のトップに聞きました。

［ゲスト］

［01］信金中央金庫・理事長 田邉光雄 氏
［02］横浜銀行・頭取 寺澤辰麿 氏
［03］北洋銀行・頭取 石井純二 氏
［04］静岡銀行・頭取 中西勝則 氏
［05］東邦銀行・頭取 北村清士 氏
［06］北陸銀行・会長 麦野英順 氏
［07］千葉銀行・頭取 佐久間英利 氏
［08］ふくおかフィナンシャルグループ・社長 福岡銀行・頭取 柴戸隆成 氏
［09］城北信用金庫・理事長 大前孝太郎 氏
［10］京都中央信用金庫・理事長 白波瀬誠 氏
［11］常陽銀行・頭取 寺門一義 氏
［12］群馬銀行・頭取 齋藤一雄 氏
［13］城南信用金庫・理事長 守田正夫 氏
［14］浜松信用金庫・理事長 御室健一郎 氏
［15］ほくほくフィナンシャルグループ・副社長 北海道銀行・頭取 笹原晶博 氏
［16］七十七銀行・頭取 氏家照彦 氏
［17］十六銀行・頭取 村瀬幸雄 氏
［18］滋賀銀行・頭取 高橋祥二郎 氏
［19］名古屋銀行・頭取 藤原一朗 氏
［20］多摩信用金庫・理事長 八木敏郎 氏
［21］大分銀行・頭取 後藤富一郎 氏
［22］日本政策金融公庫・総裁 田中一穂 氏
［23］東京証券取引所・常務取締役 小沼泰之 氏
［24］広島銀行・頭取 部谷俊雄 氏
［25］肥後銀行・頭取 笠原慶久 氏
［26］武蔵野銀行・頭取 長堀和正 氏
［27］中国銀行・頭取 加藤貞則 氏
［28］七十七銀行・頭取 小林英文 氏
［29］栃木銀行・頭取 黒本淳之介 氏
［30］沖縄銀行・頭取 山城正保 氏

信金中央金庫・理事長
田邉光雄 氏

週刊金融財政事情
2013年10月28日・11月4日合併号掲載

中小企業・個人金融・地域活性化、三本の柱で支援体制を強化する——田邉

インターネットの活用で小規模事業者の事業承継ニーズに対応——三宅

[ゲスト]
信金中央金庫
理事長
田邉光雄 氏

株式会社日本M&Aセンター 社長
三宅 卓 氏

[コーディネーター]
一般社団法人金融財政事情研究会 主幹
倉田 勲 氏

新中計で三つのコアプランと二つのサポートプラン

倉田 最近、マクロ経済的にはだいぶ明るさがみえてきましたが、「まだまだ中小企業にまでは及んでいない」という声もメディアで報じられています。田邉光雄理事長は中小企業の景気動向をどうご覧になっていますか。

田邉 信金中金の地域・中小企業研究所が公表している「中小企業景況レポート」によれば、今年4～6月の業況判断で一定の改善傾向がみられます。全国中小企業の業況判断DIはマイナス15・8と、依然としてマイナスではあるものの、前期比で7・0ポイントの大幅改善となりました。リーマンショック以前の水準にまで戻ってきた状況です。

業種別にみてみると、建設業と不動産業の改善が顕著です。特に不動産業は業況判断DIがプラス8・3（前期比9・9ポイント改善）で、約6年ぶりにプラスに転じています。一方、内需型の中小企業は円安による影響が大きく、原材料価格の上昇によるコスト高で利益率が低下しているケースも散見されます。

実際に地方を訪問して肌で感じるのは、地方の中小企業へのアベノミクス効果の波及はまだこれからだということです。地方経済においては都市部に比べて、景気の回復に6カ月から1年程度のタイムラグがあると思います。

倉田 信用金庫のさまざまな取組みを考える上で、現在、信金中金さんには中央機関としてどのよう

※鼎談者の肩書および記事内容は掲載当時のものです。

たなべ みつお

1948年栃木県生まれ。71年全国信用金庫連合会（現・信金中央金庫）入会。熊本支店長、秘書役、財務企画部長を経て、00年6月理事、財務企画部長委嘱、01年6月大阪支店長委嘱、03年4月常務理事、05年4月専務理事、07年6月副理事長、09年6月理事長。

な役割が求められているのでしょうか。

田邉　信金中金では、平成25年度から平成27年度までの3カ年を計画期間とする中期経営計画「SCB中期アクション・プログラム2013」を策定しました。そのなかで掲げているのが、①信用金庫の地域金融・中小企業金融にかかる課題解決の支援、②信用金庫の経営の安定性確保の支援、③信金中金の財務および収益の安定性向上――という三つのコアプランです。さらに、「業界ネットワークの積極的活用」「人材育成と強固な組織態勢の確立」という二つのサポートプランが三つのコアプランを支える形になっています。

倉田　中小企業に対する「課題解決の支援」という機能は、金融庁が近年、金融機関に強く期待している取組みでもあります。

田邉　三つのなかでも特に重きを置いているのがコアプラン1の「地域金融・中小企業金融にかかる課題解決の支援」です。これを具現化するために「中小企業」「個人金融」「地域活性化」という三本の柱を立て、それに対応すべく今年4月に組織態勢を変更しました。

これまで地域金融や中小企業金融を全般的に所管していた「信金業務支援部」を「中小企業支援部」に改組しました。また、個人ローンや投信窓販などの支援を担当する「個人金融支援部」を新たに設置しています。さらに、地域・中小企業研究所のなかに「地域活性化支援室」という組織も新設しました。いずれも、「信用金庫とともに」「信用金庫のために」、信金中金が何をなすべきかという発想に基づくものです。

こうした施策の背景には、信用金庫がコンサルティング機能を発揮していかなければならないという強い問題意識があります。信用金庫業界全体では、預金が伸びるなかで貸出金は横ばいか微減が続いていて、現在では預貸率が50％を下回っています。中小企業ではまだまだ設備投資を中心とする資金需要は乏しく、限られたパイの奪い合いでは金利競争に陥りがちです。

そうした状況で、地元企業をしっかりと支え、地域の活性化を後押ししていくためには、まさに信用金庫がコンサルティング機能を含めた底力を発揮する場面であると感じています。

経営者の高齢化が進み 後継者問題が深刻化

倉田　コンサルティング機能や課題解決支援の一つとして、信用金庫業界ではM&Aの取組みをどのように位置づけていますか。

田邉　廃業率が開業率を上回り、事業所数の減少が続いている現状に歯止めをかけるためには、創業支援も必要ですし、M&Aや事業承継も必要でしょう。中小企業の経営者の高齢化が進んでいますので今後は後継者問題もより深刻になりますし、日本の貴重なモノづくりの技術などが受け継がれなければ、日本経済全体が復活できないと思って

倉田　勲

います。

信用金庫業界でもM&Aの取組みにさらに注力していく必要があると思っていますし、すでに熱心に取り組んでいる信用金庫がかなり増えている状況です。ただ、売り手の案件は多く出てくるのですが、買い手の案件はそれほどではなく、マッチングが難しいという現実もあります。

三宅　信用金庫が単独で地元のお取引先のなかから買い手をみつけようとすると、けっこう大変かもしれません。譲渡企業さんが地元で買収されることを好まないケースがあるからです。今まで同業者とロータリークラブ等でお付き合いがあったり、あるいは競争相手であったりすると、地元の企業に買われることに抵抗感もあるようです。そのため、隣接県やさらに遠隔地でのマッチングも必要になってきます。

その点、信金中金さんは早くからM&Aの取組みに着手されていて、子会社の信金キャピタルさんで本格的に手掛けられてから10年以上になると思います。おかげさまで、信金キャピタルさんと当社と提携している信用金庫は約200金庫にのぼっています。信金キャピタルさんと当社がプラットホームになり、全国ネットで買い手探しを行う場面がますます増えてくると思います。

小規模事業者のM&A、新たなスキームの構築を

三宅　信金中金さんや信金キャピタルさんと全国の信用金庫を回っていますと、企業の規模が小さくなるほど後継者問題や先行き不安がより深刻という状況があります。従業員3～5人、売上高1億円未満の企業について、信用金庫さんからご相談を受けることが増えています。ところが、そうした規模の先ですと、中小企業向けの手数料体系では対応が難しいケースが出てきます。

そこで当社では「〝どこでも事業引継ぎ〟サポートシステム」という仕組みを今年から稼働させました。これはインターネットを活用したマッチングを行い、通常の10分の1程度の手数料で小規模事業者の事業承継やM&Aニーズに対応していくサービスです。近いうちに信用金庫さんにも利用していただきたいと考えております。アメリカではネットを駆使したマッチングが非常に盛んに行われています。

田邉　確かに事業承継で売り手企業の価値を算定し、買い手企業のニーズとマッチングさせていく作業にはかなりの手間とコストがかかると思います。しかし、日本人にはフェース・トゥ・フェースを重んじる国民性があります。インターネットを通じて事業承継などのやりとりをするのには企業側に抵抗感がありませんか。

三宅　すべてのプロセスをネットで完結させるわけではありません。私たちが売り手企業・買い手企業さんを30回、40回と訪問していると、それだけでかなりのコストになってしまいます。そこで、ポイントとなる段階では私たちが双方の企業さんを直接訪問しつつ、ネットで対応可能なやりとりはネットで済ませるという仕組みです。合計の訪問回数を5、6回程度に抑えることで、大幅なコストダウンが実現できます。

田邉　なるほど、そうしたサービスも含めて小規模事業者でも活用しやすい仕組みがあれば、信用金庫の取引先のM&Aももっと活発化すると思います。日本M&Aセンターさんと信用金庫・信金キャピタル・信金中金との間で、M&Aの新たなスキームを打ち立てることも必要かもしれません。

三宅　この15年ほどで事業承継やM&Aに関心の強い信用金庫さんが全国的に増加し、当社も営業

職員の数が増えて現在では約120人が全国を動き回れるようになりました。こうした環境変化に応じて、理事長が言われたような新たなスキームを構築していくことは私も大賛成です。

信金は事業者の悩みを具体的、タイムリーに共有している

倉田　M&Aの実績をみると、地方銀行に比べて信用金庫の取組みはまだ発展途上のようですが、信用金庫の潜在的な強みや今後の課題は何でしょうか。

三宅　例えば「後継者がいない」という情報ひとつとっても、「オーナー社長の息子さんは東京の商社に勤めていて、家業を継ぐ意志はない」といった具体的なレベルまで把握できているのが信用金庫の強みです。狭域・高密度でお取引先と本当に親密な関係を築かれていますから、その会社の悩みをより深く、タイムリーに共有できているわけです。そうした有力な情報をキャッチするアンテナがすでにあるわけですから、今後の課題は信用金庫の経営層や現場の支店長さんに意識をより高めていただくことに尽きるでしょう。

「地域の後継者問題を解決したり、先行き不安の解消を図ったりするのは、まさに信用金庫の役割なのだ」という気持を強く持っていただければと思います。信金中金さんや信金キャピタルさんの支援体制に加えて、日本M&Aセンターもできる限りのサポートを行ってまいります。

田邉　信金中金の中小企業支援部で事業承継などのセミナーや研修を継続的に実施しているのですが、開催要望は着実に増えている状況です。また、信金キャピタルが契約している信用金庫は188金庫にのぼり、累計で74件のM&A成約実績があります。こうしてみると、事業承継やM&Aに対するニーズは確実に増加しているといえるでしょう。お客さまに喜ばれる形で課題解決が図れる、win-winの仕組みを構築していければと考えています。

三宅 卓

横浜銀行・頭取
寺澤辰麿 氏

週刊金融財政事情
2014年1月6日号掲載

徹底的に議論し、体を張って、何ごとにも積極果敢な取組みを期待——寺澤

ソリューションビジネスでは現場の「聞き取り能力」がポイントに——三宅

[ゲスト]
寺澤辰麿 氏
横浜銀行
頭取

三宅 卓 氏
株式会社日本M&Aセンター 社長

[コーディネーター]
倉田 勲 氏
一般社団法人金融財政事情研究会 主幹

視点を変えれば農業にもビジネスチャンスと資金需要が

倉田　長年にわたりデフレが続いてきた日本経済にあって、アベノミクスの第三の矢である「成長戦略」への取組みがいよいよ本格化してきました。頭取は日本経済の動向や今後の中小企業金融のあり方についてどのようにお考えですか。

寺澤　私はマクロ経済の面からみて、1998年が重要な転換点だったと考えています。というのも、98年に企業部門が資金不足から資金余剰に転じて以降、現在に至るまでデフレが続いているからです。企業がバランスシートを改善するために、設備投資ではなく借金返済に重点を置いてきたため、資金余剰とデフレ基調は表裏一体の動きになっているわけです。その結果、経済全体としての競争力が徐々に失われてきたというのが、98年から現在までの15年の流れといえるでしょう。

その上で中小企業金融のあり方を考えると、もはや金融機関は個別企業の資金繰りをみているだけではなく、その業種の将来性や地域の置かれている状況など、企業を取り巻くさまざまな要素を勘案しながら対応を検討していく必要があります。そのためには政府主導で設立された官民ファンドのノウハウも活用しながら、起業・創業を促していく取組みと、窮境にある中小企業の再生の取組みが不可欠となっています。神奈川県でも「かながわ中小企業再生ファンド」が2011年に設立され、地域に特化した取組みが進んでいる状況です。

※鼎談者の肩書および記事内容は掲載当時のものです。

てらざわ たつまろ

1947年島根県生まれ。71年東京大学法学部卒、同年大蔵省入省。関税局長、理財局長、国税庁長官などを歴任し、04年都市再生機構理事長代理、07年駐コロンビア共和国特命全権大使、11年横浜銀行代表取締役頭取。

倉田 金融庁の監督方針をみると、「成長可能性を重視した金融機関の新規融資の取組みの促進」として実に13項目の着眼点が列挙され、資金需要の掘り起こしに対する当局の強い期待が読み取れます。

寺澤 農業を例にとると、国内の農作物の生産高は年間8兆円程度ですが、加工品の販売や外食産業などを含めた総消費額は約80兆円にのぼり、生産高の10倍の規模に膨らみます。ところが、私が頭取に就任した2年あまり前に、当行の行員に農業問題や農家のニーズについて尋ねてみても、詳しい回答は返ってきませんでした。これは、民間銀行がこれまで加工業者や小売業者、外食産業との間で個別の取引を推進するばかりで、第1次産業との結び付きを重視してこなかったからでしょう。さらに、農家の抱える問題については農協の守備範囲だという意識があり、ほとんど目を向けてきませんでした。

また、「神奈川県は農地面積が全国で45番目」という話もよく聞かれますが、だからといって悲観的になるのは間違いです。世界で農産物の輸出額が最も大きいのはアメリカですが、2番目はどこの国かご存じですか。ほとんど知られていませんが、オランダです。九州とほぼ同じ国土面積のなかで付加価値の高い農業を実現しているのです。

日本に目を転じると、いかに広い農地があっても、水田が多い地域は基本的に稲作しかできません。仮に1反歩当たり10俵のコメが収穫できるとして、1俵が1万6000円とすると合計16万円です。ところが、同じ1反歩で野菜を栽培した場合、30万~40万円の収入を得ているケースはめずらしくありません。

このように、視点を少し変えるだけで、実は新たなビジネスチャンスや資金需要は生まれて来うるのです。

県内のオーナー企業の75%が後継者不在という現実

倉田 今年4月にスタートした貴行の中期経営計画を拝見すると、「成長ステージに応じた総合金融サービス」として、創業支援、成長分野向けのファイナンス、ビジネスマッチング、M&Aなどにも注力されているようですね。

寺澤 フィナンシャルコンサルタントやM&Aの専担者を置いて、取組みを始めているところです。ここ数年、M&Aの件数は倍々ゲームのように増えてきています。

三宅 帝国データバンクが今年1月に発表した「神奈川県オーナー企業分析」によると、県内のオーナー企業のうち、75・2%にあたる1万800社で後継者が不在となっており、全国平均の68・8%を大きく上回っています。こういった事情もM&A件数増加の要因の一つと考えられます。

寺澤 私も県内中小企業の後継者難の問題は認識

していましたが、この75%という数字には少々驚きました。オーナー企業の4社に3社は該当するわけですから、特に現場の支店長にはこれまでよりも感度を高めて取引先とのリレーション強化に努めることが求められるでしょう。地域金融機関としてお客さまの抱える問題を共有し、具体的に相談に乗れるかどうかが重要になります。

三宅　先日、貴行の総部店長会議でM&Aに関する講演をさせていただきましたが、皆さんのご感想はいかがでしたか。

寺澤　具体的な事例を豊富に交えた説得力のあるお話で、大変刺激を受けたようです。

三宅　M&Aには新しいビジネスを創造していく側面がある一方、金融機関にとってはバンカーとしての人材育成という面もあると感じています。当社では各地の地銀さんから毎年合計で10人弱の出向者を受け入れているのですが、当社で1年間研修したのちに銀行の現場に戻ってM&A業務を2、3年経験した行員と再会すると、「本格的なバンカーに成長したな」と驚かされます。

寺澤　当行では一昨年8月に成長支援ファンドを創設しましたが、ファンドの仕事をするときには、事業の評価や投資に対するリターンなどを細かくみていく必要があります。今まではそれらの業務を外部の専門家に頼っていたのですが、そうした専門家のアドバイスを受けながら自分たちでやってみるという取組みを行っています。そのなかで、キャッシュフローや資本コストなどのファイナンス知識も着実に培われています。

通常の融資業務についても同様で、従来の銀行員は、融資の際、それが返済されるかという返済確実性の観点を重視してきたわけですが、現在では事業としての価値はどうなのかという観点が不可欠になってきています。担保や保証に頼ればよいという考え方からの脱却が必要です。

M&Aはクロスセルの強力なツールに

三宅　貴行の中計では、法人関連の役務収益を今後3年間で30億円程度増加させるという目標が掲げられています。融資による金利収入が伸び悩むなかで、役務収益への寄与という面でM&Aはいかがでしょうか。

寺澤　いわゆる異次元の金融緩和によってベースマネーが積み上がっている状況を考えれば、史上最低といえる低金利が当面は続いていくでしょう。融資量もあまり増えないなかで利ザヤが縮小していく以上、収益を向上させるにはノンアセットの分野でお客さまの問題点を解決していくサービスを提供することがより重要です。

もちろん、M&A自体でそれほど大きな役務収益を得られるわけではありませんが、M&Aを契機として融資が発生したり、新たなビジネスマッ

倉田 勲

チングに結び付いたりといったさまざまな波及効果が期待できます。お客さまとのより深い取引関係の構築に向けて、M&Aはクロスセルの一つの強力なツールになると位置づけています。

三宅　ソリューションビジネスを強化していく上で最も大切になるのが「聞き取り能力」です。相手の冗談や何気ない行動から本音をくみ取るアンテナの高さ・感度や、相手の悩みをうまく聞き出すインタビューによって、ビジネスの種を拾うことが可能になります。こうした支店長や担当者の「聞き取り能力」と本部のバックアップ体制、そして私どものような外部の専門家集団とうまく連携していただくこと。この三つがそろえば、結果的に役務収益の向上にもつながっていくはずです。

倉田　人材育成に関しては、金融庁の「金融モニタリング基本方針」でも「金融仲介機能の適切な発揮や顧客の立場に立った商品・サービスの提供を可能とする人事評価、インセンティブ付与のあり方（報酬体系）、人材育成等」が検証項目に掲げられています。M&AやABLに積極的に取り組むためのインセンティブについて、頭取はどうお考えですか。

寺澤　当行では「スキル認定制度」に基づいて、さまざまな分野における個人のスキルを認定し、それをベースにした人事評価・人事異動を実施しています。また、銀行の営業店では3年程度での人事異動が一般的であるため、取引先の長期的な課題にはなかなか取り組みづらいという指摘もよくなされます。行員が銀行の「減点主義」にとらわれて、新しい取組みにチャレンジしないという側面もあるでしょう。

そこで私は「セットアップ賞」という表彰制度を考えました。営業店の職員がお客さまとのリレーションの強化を図るなかで課題や問題点を発見し、お客さまを説得して新しい取組みに着手したとします。やがて、その案件が成就したときに当初の担当者が異動していたとしても、その種をまいた人を表彰しようという制度です。表面的な数字に表れない地道な取組みも評価したいという気持を具体化しました。

三宅　それは大変素晴らしい制度だと思います。「営業店からM&Aや事業承継のニーズが上がってこない」と悩んでいたある地銀さんが、情報を取ってきたら何点、それが業務として受託できれば何点という点数制度を設けたところ案件が激増したという例があります。住宅ローンなどにとどまらず、M&Aなどのソリューションビジネスにおいても職員のモチベーションを高める工夫がもっとなされていいと思います。

中計の"tackle"に込めた現状打破への思い

倉田　今回の中計には"Tackle for the Dream"と

三宅 卓

いうキャッチフレーズがついていますね。

寺澤　動詞の"tackle"には大きく三つの意味があります。一つ目は仕事や問題に取り組むということ、二つ目はラグビーのタックルで、体を張って懸命に防ぐということ、そして三つ目は「テレビタックル」という使い方にある徹底的に議論するということです。近年のように、金融を取り巻く環境が大きく変化する状況においては何が起こるか分かりません。そのなかで生き残っていくためには、徹底的に議論し、体を張って、何ごとにも積極果敢に取り組んでいく、現状を打破すべくチャレンジしていこうという気持を込めています。さまざまなキャッチフレーズ案が上がってきましたが、私が一晩考えて"Tackle for the Dream"を提案しました。

三宅　"tackle"というのは力強くて、いい言葉ですね。夢の実現に向けて、ますますのご活躍を期待しています。

北洋銀行・頭取
石井純二 氏

週刊金融財政事情
2014年2月24日号掲載

食の6次産業化の取組みを道経済の活性化につなげていく——石井

北海道ブランドは、アジア全域への競争力を持つ——三宅

［ゲスト］
石井純二 氏
北洋銀行
頭取

三宅卓 氏
株式会社日本M&Aセンター 社長

［コーディネーター］
倉田勲 氏
一般社団法人金融財政事情研究会 主幹

「食」ブランドの強みを生かし6次化の取組みを進める

倉田　北海道は独自の経済圏を形成しているという特徴があると思いますが、あらためて北海道経済の強みについてお聞かせください。

石井　道内経済の強みとしては「食（フードビジネス）」と「観光」が代表的で、最近の動きとしては「再生可能エネルギー」への期待も高まっています。観光は、来道観光者数がリーマンショック前の水準を上回るまでに回復しました。再生可能エネルギーについては、固定価格買取制度に基づく認定出力が北海道は231万キロワットで全国1位という状況です。

とはいえ、圧倒的な強みを持つのはやはり食関連といえます。農業産出額1兆円超、1経営体当たりの農地面積23ヘクタールという数字にも表れているとおりです。ご存じのとおり、「北海道フード・コンプレックス国際戦略総合特区」は日本で唯一のフード特区です。当行のフードビジネスに関連する融資残高も毎年右肩上がりで増えており、残高ベースで12年度は約2600億円、13年度は約2800億円となっています。

三宅　北海道の「食」は国内だけでなくアジア全域でも有力なブランドになってきています。TPP（環太平洋経済連携協定）によって海外から安価な食品が入ってきた場合、日本国内の食品メーカーは「〝北海道産〟であれば対抗できる」と考えており、北海道の食品メーカーを買収し、

※鼎談者の肩書および記事内容は掲載当時のものです。

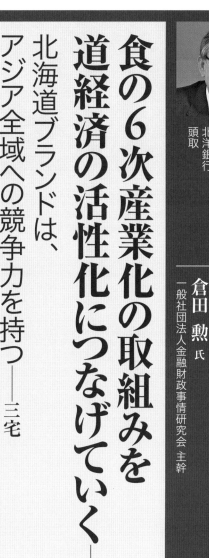

アジア全域にも展開していきたいというニーズが非常に増えています。

石井　一方で、北海道経済は第2次産業のウエートが全国の都道府県の平均から10ポイント程度低く、それが景気の浮揚力の弱さにつながっている面もあると思います。食関連においても、北海道産の1次産品は味・品質とも優れていますが、今後はそれにどう付加価値を付けていくかが重要になります。その意味で、まさに「食の6次産業化」が求められているといえます。当行は農林漁業成長産業化支援機構の「6次化ファンド」にも積極的に関与し、ワイナリー事業を展開している当行の取引先が全国で第1号の投資案件となりました。6次化の取組みは地域経済の活性化にもつながっていくものであり、今後の展開に期待しています。

いしい　じゅんじ

1951年北海道生まれ。75年北海道拓殖銀行入行。04年6月北洋銀行取締役、札幌北洋ホールディングス取締役。10年6月同行取締役副頭取、同社代表取締役副社長。12年4月同行代表取締役頭取、同社代表取締役社長、同年10月に両社の合併を経て現職。

M&Aなどの相談を受けるのは支店長冥利に尽きること

倉田　そうした北海道経済の特徴を踏まえた上で、事業承継やM&Aのニーズについてはいかがでしょうか。

石井　道内では、中小企業経営者の高齢化が他の地域と比べて著しく進んでいます。昭和30年代に石炭が主要なエネルギーとしての役割を終え、昭和50年前後には水産業において200カイリ問題が浮上したことから、道内の産業構造の転換が迫られました。その時期に起業された多くの方が現在60~70代となり、引退を考える時期を迎えているわけです。その結果、事業承継やM&Aのニーズも非常に高まりをみせています。また、帝国データバンクが昨年11月に公表した「全国メーンバンク調査」によると、当行がメーンバンクとなっている企業数は2万4000社あまりで大手行4行に次いで5位、地域金融機関ではトップとなっています。

アベノミクス効果は道内の実体経済にも徐々に反映されつつあり、景気はかなり改善している状況だと思いますが、資金需要はまだ低迷しています。資金需要の発生を待つだけでなく、自ら需要を掘り起こしていくツールとしても、事業承継やM&Aの役割は大きいといえるでしょう。

当行ではすでに09年度には法人部のなかに「事業承継・M&Aチーム」を設置し、道内の取引先

倉田　勲

で純資産1億円以上の3500先をほぼすべて回りました。そのなかでさまざまなニーズをお聞きし、承継プランの作成などを行ってきましたが、今後は取組み内容のさらなる高度化を図っていきたいと考えているところです。

三宅　当社は10年に札幌営業所を開設しました。営業拠点を全国に拡大する場合、東京、大阪、名古屋、福岡といった展開が一般的ですが、当社は東京、大阪に次いで札幌に拠点を設けました。なぜなら、頭取の今のお話からも裏付けられますが、地域別では後継者不在企業の数は北海道が全国1位（帝国データバンク調べ）という状況があるからです。また、当社の取扱い案件を分析してみたところ、興味深いことが分かりました。北海道は12年度の譲渡企業数が全国2位で、買い手企業数も全国5位でした。後継者不在などで会社を譲渡したいという企業が多い一方、他の会社を買収することで閉塞感を打破したいと考えている企業も多いわけです。

　こうした状況を考えると、北海道では今後も事業承継やM&Aを通じた産業の活性化が大きく期待できるでしょう。

石井　確かに、当行ではこれまでM&Aを含めた事業承継関連の融資額が年間50億〜60億円規模で推移してきましたが、13年度は上期だけで100億円を超えました。通期では170億〜180億円程度まで伸びるとみています。

三宅　昨年の秋に貴行の全店長会議で講演させていただきましたが、皆さん非常に熱心にお聞きになっていたという印象でした。

石井　ご講演のあとに支店長と話したところ「M&Aのニーズは常に身近にあり得るということが具体的に理解できた」といった感想が多く聞かれました。その直後から、営業店から上がってくるM&Aの検討案件が20〜30%ほど増えまして、非常に即効性のあるお話だったと思います。事業承継やM&Aは極めてトップシークレットな案件ですから、経営者も軽々しく話をできるわけではありません。逆に言えば、意識が高く、信頼できる支店長であればぜひ相談したいと、経営者は切実に考えているわけです。その意味で、私は以前から事業承継やM&Aの相談を持ちかけられるのは支店長冥利に尽きるもので、支店長でなければできない仕事なのだと再三指導してきたのですが、昨年のご講演を聴いて、支店長もその意味を再認識できたことでしょう。

三宅　貴行は独自のソリューション営業を展開されており、中でも「戦略会議」は特徴的なお取組みですね。本部の担当者や支店長が法人のお客さまのところに出向き、その企業の戦略を一緒に練り上げるというもので、場合によっては当社の担当者が会議に参加させていただくこともあります。率直な意見交換ができる場ですので、事業承継やM&Aの相談にも適していると思います。

オール北海道で ASEANへの進出を支援する

倉田　貴行では、先ほどの6次化ファンドのほかに、「北洋イノベーションファンド」という取組みにも注力されていますね。

石井　前述のとおり、北海道は第2次産業のウエートが低いため、「ものづくり企業を応援する」という趣旨で12年4月にスタートしたファンドです。こうしたファンドを組成し、銀行が出資を行おうとするときにネックとなるのが、議決権の5%という出資規制です。資本金2000万〜3000万円の中小企業であれば、銀行の出資上限はわ

三宅 卓

ずか100万～150万円ということになります。この出資規制をクリアするために、このファンドでは当行が種類株を引き受ける仕組みにしました。種類株には議決権がありませんので、取引先にファンドの活用を勧める際には「当行はお金は出しますが、口は出しません」と説明しています。

また、ベンチャーファンドには株式の上場という出口がつきものですが、私は中小企業の場合は必ずしも上場を目標にするのではなく、成長・発展が実現できればよいと考えています。そこで、ファンドの期限に経営者やオーナーに株式を買い戻してもらうことを出口と位置づけました。順調に成長が実現できれば、その企業の仕入れ先や販売先が「少し株を持たせてください」ということになるかもしれません。

私が頭取に就任した直後の12年7月にこのファンドの第1号案件が出まして、昨年末時点で10件、1億8500万円になりました。案件のなかには、本業とは直結しない形で大根の自動洗浄機やニンジンの自動刈り取り機の製作にチャレンジしている企業などがあります。例えば、ニンジンの刈り取り機を作っているのは自動車整備会社です。

三宅　国外に目を転じますと、メガバンクだけでなく地域金融機関にも海外進出支援の動きが広がっています。当社でも海外案件が急増していることから、昨年「海外支援室」という部署を設置しました。大きく二つの狙いがありまして、一つは10～20年前にタイなどに工場を出してがんばってきましたけれど、そろそろリタイアを考えているという企業に対して、逆にこれから進出を検討している企業との間でM&Aを仲介する業務です。もう一つは、これから海外に進出する日本企業に対して、販路拡大などのために現地の企業を買ってもらうビジネスを検討しています。

北洋銀行さんでは、海外進出支援のお取組みはいかがでしょうか。

石井　今年1月、バンコクに「北海道ASEANビジネスセンター」として駐在員事務所を開設しました。これは北海道庁などと共同で準備を進めてきたもので、北海道の企業などがASEANでビジネスを展開する際にさまざまな支援を行うことが目的です。「オール北海道」を旗印としており、当行との取引の有無にかかわらず、広く道内企業や自治体、諸団体のための拠点となります。ASEANはこれから人口が急増し、富裕層の割合も高まっていきます。日本は少子高齢化で人口が減少するなか、新たな海外マーケットに北海道の食品などを売り込んでいく際のサポートを行うことが、私たちの重要な使命だと考えています。

TOP鼎談[04]

静岡銀行・頭取
中西勝則 氏

週刊金融財政事情
2015年1月5日号掲載

［ゲスト］
静岡銀行
頭取
中西勝則 氏

三宅 卓 氏
株式会社日本M&Aセンター 社長

［コーディネーター］
倉田 勲 氏
一般社団法人金融財政事情研究会 主幹

地域の経済と雇用の維持に M&Aの取組みは不可欠――中西

企業の66%が後継者不在、ここ数年が存亡の転換点に――三宅

店舗の軽量化が進み 本部機能の重要性が高まる

倉田　金融機関の経営環境としては、当面日本銀行の前例のない量的・質的金融緩和政策が続いている下で貸出金利の低下が進んでいます。また、中長期的には人口減少が大きな課題になってきます。地方銀行を取り巻く短期的、中長期的な経営環境をどのようにみていますか。

中西　金融緩和の影響は地方銀行経営にボディーブローのようにだんだんと表れ始めています。金利は低下傾向にありますが、すでに預金金利は引き下げ余地がなく、わずかに引下げ余地が残っていた貸出金利だけが低下している状況です。それによって利ザヤが悪化し、かといって固定費を引き下げることはできないということで、地方銀行の経営環境は当面厳しい状況が続くだろうとみています。

中長期的には、やはり「人口減少」への対応が至上命題です。静岡県も２００８年から人口減少に転じており、総務省が発表した住民基本台帳に基づく２０１４年の人口動態調査によると、県内人口が前年比約2万人減少の３８０万３４８１人となり、減少数は全国で2番目の多さでした。この背景には二つの要因があると考えています。一つは、大手・中堅メーカーが円高時に東南アジアを中心とした海外に移転したこと。この影響は外国人労働者にも及び、実際、その減少数は約４７００人にも達しています。

※鼎談者の肩書および記事内容は掲載当時のものです。

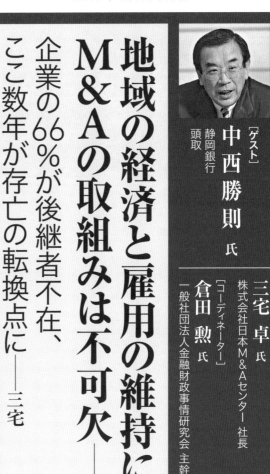

もう一つの要因は、東日本大震災の復興支援対策です。震災後に、集約的もしくは先進的な生産ラインを東北の工場に移す動きが相次ぎました。静岡県は工業製品出荷額が全国3位で、生産拠点の集積地でもあります。その生産拠点や生産ラインを海外や東北に移すことに伴って、静岡県からの人口流出が増えています。一過性の要因が強い面はありますが、全国どの地域にもみられる少子化も進んでいます。今はまだ預金が伸びているので、人口減少や少子化の影響はそんなには感じていませんが、地方を地盤とする地方銀行にあって預金や住宅ローンが減少する時代が必ず来ます。10年先、15年先に起き得ることを想定して、さまざまな施策を打ち出していく必要性を感じています。

三宅　人口減少や少子化への対応は、日本全体としてまさにこれから危機意識を高めていかなければならない課題だと思います。2010年の国勢調査で8173万人いた15歳から64歳までの生産年齢人口が、昨年は32年ぶりに8000万人を割って7901万人にまで減り、さらに2030年には約6700万人、2060年には約4400万人にまで減少すると推計されています。モノを作り出しても、消費する人口が半分近くにまで減ってしまうわけですから、銀行をはじめとした各企業が人口減少や少子化にどう向き合っていくのか。これから本腰を入れて考えていかなければなりませんね。

倉田　人口減少や少子化時代を見据えた際、静岡銀行ではどのような施策が重要になると考えていますか。

中西　一つは、チャネル戦略です。10年後、15年後には、店舗のあり方が大きく変わっていると思います。今はインターネットに慣れ親しんでいる人もいれば、そうではない人もいるので店舗はまだ重要な役割を持っています。ですが、時代の移り変わりとともに多くのサービスが自然とインターネットチャネルにシフトするようになり、店舗は大幅な軽量化が進むだろうと考えています。

当行では2007年にインターネット支店を立ち上げました。当初3年間は品揃えの一つと考えていたのですが、3年前くらいからインターネッ

なかにし かつのり

1953年静岡県生まれ。76年慶應義塾大学商学部卒、同年静岡銀行入行。99年理事人事部長。同年理事経営管理部長。01年取締役執行役員。03年取締役常務執行役員。05年代表取締役頭取（11年全国地方銀行協会会長）。

倉田 勲

ト支店でも預金を伸ばす取組みに力を入れ始めました。2011年の段階では預金残高が2600億円で、その84%を県内の居住者が占めていました。ところが、預金残高が4000億円を超えた今では、県内預金の割合は35%にまで減り、47都道府県すべてにお客さまがいる状況に一変しました。年齢層をみても大半は30~50代の勤労世代です。カーローンなどの無担保ローンも、申込みの90%程度がインターネットなどの非対面チャンネルからになっています。これまでは店舗に多額の投資をしてきましたが、10年先、15年先を見据えたら、従来の店舗投資のあり方や組織のあり方を大きく変えていかなければなりません。

　一方で、店舗を軽量化することによって、本部機能の重要性が高まると考えています。これまではどちらかというと営業店が稼ぐ時代でしたので、本部の建物は安普請、古くても構わないと考える傾向が強かったと思います。しかし、10年後、15年後の軽量化された店舗では大きな設備投資や地域開発といったプロジェクトに対応できなくなり、本部が機動的に対応するようになります。そうした専門部隊を本部でいくつも持つ時代がやってくると思います。

　当行ではこうした新たな時代を見据えて、先進的な機能を持つ新本部を建設しました。今年度からスタートした第12次中期経営計画（14年度~16年度）「TOBIRA~明日への扉を開くために」でも、将来に向けて目指すべきビジョンを打ち出しています。10年先、15年先を想定して、この3年間、しっかりと基礎を固めていくつもりです。

金融機関同士がM&A情報を共有できるネットワークの構築へ

三宅　一方で、高齢化に伴う企業の後継者問題も社会全体として大きな課題になっています。団塊の世代が65歳以上になるなか、帝国データバンクの調査によれば後継者不在の企業が全国で66%にものぼっています。そうした企業は今後5年間くらいが生き残りをかけたターニングポイントであり、その意味でも今年は中小企業の「存亡元年」とも言えます。

　静岡銀行さんでは、次世代を担う経営者や後継者、実務担当者を対象にした次世代経営者塾の「Shizuginship」を早くから立ち上げて、事業承継への取組みに力を入れておられます。また、当社にほぼ継続的に毎年お一人ずつ合計7人もの若くて優秀な行員に出向していただいて、地銀のなかでもいち早くM&Aの知識や経験、ノウハウを積ませていらっしゃいます。先見性を持ってこうした取組みを強化してきたのはなぜですか。

中西　やはり、当行の取引先をみても後継者不在の企業が多くあります。まだ後継者を決めていないだけという企業にしても、社長本人は60代後半なのに、子ども達は中央官庁や大手商社に勤めていたりして、誰に任せたらいいのか分からない状況だったりします。なかには、はじめは息子さんに継がせたいと考えていたものの、息子さんにその気がなく、最終的には会社をM&Aで売却するような結論に至ることも少なくありません。高齢化が進むなかで、事業承継は喫緊の課題だと感じています。

　事業再生を図る上でもM&Aは有用です。経営に行き詰まった中小企業のなかには、事業から

三宅 卓

撤退したいのに清算や譲渡の方法が分からないという経営者が少なくありません。こうした問題に対応するため、当行では2年前に「転廃業支援プログラム」を作り、各支店で転業や廃業を支援する取組みを強化してきました。すると、取引先から「廃業したい」といった相談が寄せられるようになったのです。廃業を申し出る企業のなかには、その企業や事業をM&Aで他の企業と結び付けることで、まだまだ立ち直れるケースもあります。

M&Aで廃業する企業を生き残らせることができれば、そこに勤める従業員の雇用を守ることができます。この件に関連して2013年に東海財務局から顕彰を受けていますが、当行の試算ではこれまでに取り組んだM&Aによって2500～2600人の従業員が働く場所を失わずに済みました。もちろん、その先には家族もいます。地域の経済や雇用を維持していく上でも、事業承継やM&Aへの取組みは不可欠だと考えています。

三宅　後継者が不在といった理由から売却を検討する企業を、相乗効果を見込むもう一方の企業がM&Aで買収することができれば両社がwin-winの関係を築くことができます。今後のM&Aの展開や可能性をどうみていらっしゃいますか。

中西　私は、今企業に最も求められていることは「生産性の向上」だと考えています。例えば、切削だけをやっていた企業が溶接まで手掛けるようになれば、さらに生産性を高めることができます。しかし、なかには生産性を向上させることが難しい業種もあります。そうした業種は、M&Aによってまったく異なる業種を買うことで生産性を高めることも一つの選択肢だと思っています。極端なことを言えば、製鉄業がラーメンチェーンを買ったっていいわけです。今後のM&Aではこのくらい大胆な話が出てくると思います。

また、後継者問題が企業の経営課題となるなかで小企業のM&Aに対応していくことも重要だと考えています。全国15カ所に設置されている「事業引継ぎ支援センター」では小さな企業のM&Aも扱うようになっており、静岡県事業引継ぎ支援センターは県内の4地銀、12信金すべての金融機関が協力し合って小企業を含むM&Aの件数を伸ばしています。M&Aでは売り手だけではなく、必ず買い手が必要になるので、買収ニーズを持つ企業情報を数多く把握していなければなりません。まずは地域が活性化することが大事なので、静岡県のように金融機関同士がそうした情報を共有できるネットワークを構築することが肝心だと考えています。

三宅　当社でも、そうした小さな企業を支援していくことは重要だと考えています。社員10～50人程度の中小企業のM&Aは増えているので、今後継者難で本当に困っているのは社員10人以下のような小さな企業だと思います。

当社では、昨年からインターネットを使ってM&Aニーズを持つ企業をマッチングさせる「〝どこでも事業引継ぎ〟サポートシステム」というサービスを展開しています。インターネットバンキングのようにローコスト運営なので手数料も安価に設定でき、小企業でも活用できる仕組みになっています。最近では事業引継ぎ支援センターからも活用したいといった要望を受けています。

M&A業務担当者には「全人格」が求められる

倉田　事業承継やM&Aの支援に取り組む上では、その業務を担う専門知識を持った人材の育成が重要なポイントになると思います。どのような人材育成を心掛けていますか。

中西　当行では、M&A業務には若手の行員と定年を控えるベテラン行員とがペアで取り組むようにしています。ベテラン行員が若手行員に一生懸命教える機会になるのと同時に、ベテラン行員から「卒業論文を書くような仕事をさせてもらった。自分の集大成の仕事ができた」というような話をよく耳にします。

M&Aでは、譲渡企業の従業員の雇用が守られるため、経営者に心から喜んでいただいたケースも多い。こうしたM&Aに携わる担当者に求められる大切な要素は「全人格」だと思います。

M&Aを担うには、税務・会計や労務、法律などさまざまな知識・スキルを身に付ける必要がありますが、仮にそれらの知識・スキルがなかったとしても、公認会計士・弁護士などの専門家を交えてチームを組めば対応できます。本当に大事なのは全人格です。どうしてこの企業にはM&Aが必要なのかといった背景をしっかりと認識し、譲渡する企業の経営者に信頼されなければなりません。そこに至るまでには長い時間がかかります。全人格がしっかりしていなければ信頼されることは難しい。

三宅　当社が発足してから23年間、静岡銀行さんをはじめ多くの銀行からたくさんの出向者に来ていただいています。出向とはいえ最前線で仕事をしてもらうので、かなり力を付けて銀行に戻っていかれる。一般的な銀行業務ではM&Aに携われる経験はわずかだと思いますが、当社への出向者は年間10件近い経験を積むことができます。M&Aを経験すると会社の奥深くにまで関与することになりバンカーとしての資質の向上が図れると思いますし、その経験がその後の銀行業務にも非常に役立つと思います。

当社では、今年1～2月の土曜日を使って静岡銀行さんの全支店長向けM&A研修の講師をやらせていただくことになっています。まさに頭取がおっしゃったような資質の向上につながる研修にしたいと思います。

東邦銀行・頭取
北村清士 氏

週刊金融財政事情
2015年2月9日号掲載

［ゲスト］
東邦銀行
頭取
北村清士 氏

三宅 卓 氏
株式会社日本M&Aセンター 社長

［コーディネーター］
倉田 勲 氏
一般社団法人金融財政事情研究会 主幹

10年前からの「営業基盤強化運動」に成果——北村

出向によるM&A現場での実務経験で人材育成を——三宅

再生エネルギーを中心に成長のステージへ

倉田　2011年の東日本大震災から4年近くがたちました。福島県経済は復興に向けて着実に進捗しつつあります。

北村　福島県経済は震災で大きなダメージを受け、下降しましたが、公共工事がけん引役となって、建設・雇用、消費などさまざまな面に波及効果が及び、現在は総じて震災前の水準を上回っています。

福島県は従来、農業や観光に強みを持っています。農業の産出額、収穫量は震災前の水準に着実に近づいていますが、米を中心に風評被害による価格のハンディキャップに悩まされています。教育旅行、いわゆる修学旅行もかなり落ち込んでいて、現時点でも震災前の約半分程度。おいでいただければよく分かりますが、福島はごく一部を除き安心・安全な地域です。そういった認識が広がるように、われわれがお手伝いしています。

また、福島県は東北一の工業製品出荷額を誇ります。震災復興の過程で設けられた、さまざまな補助金制度を活用して工場の新・増設の動きが急増するなど、企業立地も進みました。

今、力を入れているのは、再生可能エネルギーです。これまで福島県は原子力を中心に首都圏のほとんどの電力を担っていましたが、震災で大きなダメージを受けました。それを新たなチャンスに変えるべく、太陽光だけでなく風力、バイオマ

※鼎談者の肩書および記事内容は掲載当時のものです。

きたむら せいし

1947年福島県生まれ。70年慶應義塾大学商学部卒、同年東邦銀行入行。企画部長代理兼企画課長、方木田、須賀川各支店長、資金証券、総合企画各部長歴任。99年取締役総合企画部長。01年常務取締役本店営業部長、04年常務取締役兼人事部長。04年代表取締役副頭取。07年代表取締役頭取。

ス、小水力、地熱など、福島の特性を生かしたさまざまなプロジェクトが進んでいます。14年4月には、産業技術総合研究所が福島県郡山市に福島再生可能エネルギー研究所を開設しました。再生エネルギー大県に向けての大きなエンジン役になってくれるでしょう。

医療、とりわけ医療機器の産業集積にも力を入れています。原発事故後、さまざまな医療関連の研究機関、評価機関などができました。オリンパス、ジョンソン・エンド・ジョンソンは福島に工場を持っていますし、介護・福祉用自立支援ロボットスーツの研究・開発を手掛けるサイバーダインも進出が決まりました。

倉田　復興を支援するために、ファンドも活用されています。

北村　震災直後、復興のために当行、岩手銀行、七十七銀行の3行が日本政策投資銀行とそれぞれ50億円のファンドを作りました。当行の「ふくしま応援ファンド」はすでにクローズしましたが、上場企業などを中心に12件30億円の投融資を行い、復興から成長へとつなげる大きな役割を果たしました。

その経験を生かし、昨年12月には日本政策投資銀行、地域経済活性化支援機構、岩手銀行、七十七銀行とともに東日本大震災復興・成長支援ファンドを各県100億円で組成しました。われわれは、復興のためにできることは何でもやります。福島県の大ピンチをチャンスに変えるために、地域金融機関として総力を挙げてお手伝いしていきます。

倉田　個人、法人の二重債務問題はどうですか。

北村　当初はいろいろと不安視していましたが、ほとんど顕在化せずに今日に至っています。福島の県民性だと思いますが、震災直後から誠実に向き合っていただきました。賠償金も使途を限定されてはいませんが、皆さま方のご判断で金融取引の正常化につながりました。われわれも、震災直後はお取引先の実態等を十分踏まえながら、お取引先の状況に応じた条件変更などを柔軟に行いました。そうしたわが行の姿勢をご評価いただいたのだと思います。

支店長が代わっても同じスタンスでお付き合い

三宅　中小企業の経営改善・事業再生支援について、地方銀行には大きな期待が寄せられています。中でも、高齢化の進展により事業承継というテーマが大きくクローズアップされています。日本M&Aセンターは毎年、年間のM&Aに対する取組みが顕著な地方銀行を表彰しておりますが、東邦銀行さんは昨年6月、最高賞である「バンクオブザイヤー」を受賞されました。成果を挙げられている背景を伺いたいと思います。

北村　お客さまに頭を下げて、「うちに預金を預けてください」「うちの資金を使ってください」という〝お願い営業〟はいずれ限界がきます。そこで私が副頭取時代だった10年ほど前から、約1

倉田 勲

万社を対象に「営業基盤強化運動」をやっています。かねがねお客さまから「支店長が代わると、スタンスが変わってしまう」といった声をいただいていました。そのため、各営業店がどんな接点を持って交渉にあたってきたか、取引経緯を含めて企業ごと記録にまとめるようにしました。次の支店長にバトンタッチしても、それをみれば前の支店長はこんなことをやってきたんだなということが分かりますから、同じスタンスでお客さまとお付き合いができます。この運動の効果が数字に表れるまでには時間が必要でしたが、われわれは途中で諦めずに地道に取り組んできました。

その過程で、経営課題提案型営業に力を入れるようになりました。お客さまは、それぞれさまざまな経営課題を持っていらっしゃいます。それをわれわれのほうから問題提起して、どんどんお手伝いをさせてもらうのです。まさに〝お願い営業〟からの脱却です。

お客さまが抱える経営課題のなかで、悩みが深いのは事業承継の問題です。経営者が高齢化するなか、いかに後継者に円滑に事業をバトンタッチしていくか、あるいは、後継者不在のなかでどうやって事業を継続していくかといった問題が浮かび上がってきたので、データベースをつくり、課題解決に一生懸命取り組んでいます。

また当行では、取引先ごとに情報を1枚にまとめた「取引先要項」を作っています。企業の生い立ちから取引先、株の保有比率、代表者の年齢、後継者の存在などあらゆることが分かりますから、ビジネスマッチング、M&Aなどの経営課題提案型営業ができます。〝お願い営業〟ではなく経営課題提案型から入っていくと、いろいろなビジネスチャンスが生まれます。例えばM&Aであれば、株を売却した人には売却資金の運用のニーズがあるかもしれませんし、株を買われる方には買取り資金のためにローンが必要かもしれません。M&Aをきっかけに預り資産業務や融資に広がっていくわけです。

倉田　まさに、リレーションシップ・マネジメントですね。

北村　事業承継は10年ぐらいの時間をかけてやるものですから4、5人の支店長にバトンタッチしてフォローを行います。問題は、どうそれを評価するかです。種をまいた支店長、水をやった支店長、摘み取った支店長、それぞれをしっかりと評価すればみんなが長期的な課題にも意欲的に取り組むようになります。当行では年に4回、「営業基盤強化運動」の全行的な報告会を開いています。成功事例を共有することで、相互啓発につながります。

幅広い分野で女性職員を活用

倉田　銀行がM&Aに取り組むには、専門知識とスキルが必要です。人材育成はどう進められていますか。

北村　基本をしっかり植え付けるために資格取得を奨励していますが、座学だけでは駄目で体験して初めて分かることがあります。教科書には書かれていないケースがたくさんありますから、実務経験を積ませるためにM&Aセンターに出向させてもらっています。

三宅　当社では累計で地方銀行より100人強の出向を受け入れており、中でも貴行からはこれまで5人の方に出向に来ていただきました。直近の14年11月からは女性の出向者がいらしています。女性活用にも積極的ですね。

三宅 卓

北村　入社する新人の4、5割は女性ですから、女性職員なくしてわれわれの経営は成り立ちません。女性の活躍を推進するためにはしっかりと人材を育てていくことと、チャンスを与えることが必要です。事業性融資などの分野でもどんどん女性を活用していますが、お客さまの抵抗感はなくなってきていてむしろ歓迎してくださいます。特定の分野だけに女性の活躍の場をつくるのではなく幅広くやることが必要な時代です。メガバンクのシンジケーション部門にも女性を出向させていますし、今、大きな問題になっている公共インフラの老朽化の問題についても大学院に女性を出して勉強させています。これからは、女性にも事業承継、M&Aに関わるチャンスをどんどん与えたいと考えています。

零細企業向けに“どこでも事業引継ぎ”サポートシステム

三宅　当社は従業員10～50人ほどの中小企業を中心に支援してきましたが、後継者難で本当に困っているのは従業員10人以下、年商1億円以下の零細企業です。通常よりもリーズナブルな200万円程度からの手数料でこのような零細企業の支援ができないだろうかと考えて14年1月にスタートさせたのがインターネットを使ってM&Aニーズを持つ企業をマッチングさせる「“どこでも事業引継ぎ”サポートシステム」です。開始して1年ほどですが、大変人気があり成約もどんどん増えています。そうした小規模な会社のM&Aの状況はどうでしょうか。

北村　M&Aというとややもすると大企業の話だと考えがちですが、中堅中小企業にも対象は広がっています。規模が小さくてもいい技術や人材を持つ光る企業はたくさんあります。そういったところに事業を継続してもらうためには、M&Aであったり、ご子息にうまくバトンタッチするといったことが必要になります。地域金融機関の出番だと思います。

三宅　中小企業では経営者の意識が進みM&Aに対する抵抗感は薄れてきていますが、小さな企業でもM&Aで事業引継ぎができる、雇用が守れることをもっと伝えていくことが必要です。貴行は以前から、積極的に顧客向けセミナーを開催されていますね。

北村　7年前からやっていますが、われわれが問題提起して気がつかれる取引先もありますし、意識はしていたけれどもきっかけがなかったというところもあります。より幅広い方に参加してもらうために、最近ではテレビ会議システムを利用したセミナーも行っています。各営業店にお客さまに集まっていただき、テレビ会議システムを通して本部にいる講師から話をさせていただくのです。大変好評で100人以上の方が集まります。

　また、ここぞという取引先のオーナーとは私が直接お会いすることにしています。「相続問題で会社がなくなったところをこれまでいっぱいみています。このままでいくと悩ましい問題になりますよ」と伝えると、確かにそうだと気がつかれます。ご子息からはなかなか言えない問題だからこそ銀行から話にいくのです。

　人口減少、少子高齢化は地方が避けて通れない現実です。でも、「だから駄目なんだ」ではなく、そういう前提の下で何ができるかを考えていかなければなりません。東邦銀行と付き合っていれば、いろいろな相談に乗ってもらえてアドバイスをしてくれると思っていただきたい。福島県にはメガバンクもありますが、地銀ならではの強みを打ち出して評価を高めたいです。われわれは、「営業基盤強化運動」を10年間やってきましたから10年勝負ができるわけです。このお客さまのキーワードは「事業承継」だなと気づく感度を磨いていけば、地方でも（M&Aの）チャンスはいっぱいあります。

北陸銀行・会長
麦野英順 氏

週刊金融財政事情
2015年3月9日号掲載

［ゲスト］**麦野英順** 氏
北陸銀行
会長

三宅 卓 氏
株式会社日本M&Aセンター 社長

［コーディネーター］
倉田 勲 氏
一般社団法人金融財政事情研究会 主幹

新幹線開業を機に「1取引先1応援運動」を徹底——麦野

トップ・本部・支店 三方のベクトルが一致している——三宅

期待されるビジネスチャンスの拡大や企業移転

倉田 北陸地方にとって長年の悲願だった北陸新幹線がいよいよ開業します。

麦野 北陸新幹線は昭和40年から検討が始まり、50年かけてようやく金沢まで開業することになりました。待ちに待った新幹線開業ですから地元も大いに盛り上がっています。東京から富山まで従来3時間11分かかっていたものが2時間8分と1時間短縮されるだけでなく、年間の輸送可能人数が600万人から1800万人になります。今のところ、地元のホテルは新幹線の開業以降予約でいっぱいです。観光を中心とした交流人口が増えることは確実で、北陸経済研究所によれば富山県の年間経済効果は118億円、石川県が182億円、そのうちの6割超は観光によるものとの試算です。

これまで長野県に行くときは電車でも車でも3時間程度かかっていましたが、新幹線だと46分になります。長野と富山・金沢の商圏が近くなるということで、3県の商工会議所等の経済団体が交流を重ね、お互いにビジネスチャンスを広げていこうとアイデアを出し合っています。

新幹線開業によるもう一つの動きとして、北陸地区への企業移転や地元回帰への加速化が期待されます。小松製作所さんは、すでに石川県にある粟津工場に研究開発部門を移しています。ＹＫＫさんも、本社の一部の従業員200人超を黒部に移しています。東京の高い家賃、高い土地で大き

※鼎談者の肩書および記事内容は掲載当時のものです。

なビルを造って研究開発をするよりは地元の広々としたところのほうがいいという具体的な表れだと思います。

　また、北陸地区は地震をはじめ自然災害が少ないため、東日本大震災のあとコールセンターやショッピングセンター、データセンターなどをこちらに移転する事例がいくつもあります。

倉田　足もとの地域経済の動向をどのようにご覧になっていますか。

麦野　昨年は消費税の引上げや夏場の天候不順がありましたので年央からやや個人消費が落ちていますが基本的には根強いものがあると思います。当地域も景気は決して悪い方向には向いていないでしょう。足もとでは金利安、原油安、円安のトリプル安で地元企業の業績が上向く素地は整っていると考えます。

　当行が出店するエリアにはそれぞれの特色があります。例えば富山県は製造業、特に製薬をはじめとした化学関係やアルミ関係のウエートが極めて高いです。中でも今、特に注目を浴びているのは医薬です。ジェネリック医薬品の普及が安倍政権の成長戦略でも盛り込まれており、製薬会社だけでなく薬を中心としたパッケージや、パッケージの印刷といった裾野産業にもトリクルダウンが期待できます。

むぎの ひでのり

1957年富山県生まれ。79年一橋大学商学部卒、同年北陸銀行入行。97年金沢駅前支店長。99年八尾支店長。01年東京支店統括副支店長。03年浅草支店長。05年経営管理部長。07年富山地区事業部副本部長兼本店営業部長。09年取締役執行役員 富山地区事業部副本部長兼本店営業部長。10年取締役常務執行役員 富山地区事業部本部長。13年代表取締役会長。

広域店舗網の利点と人材の育成

倉田　ところで中小企業はおしなべて後継者難による廃業や倒産が深刻な問題といわれています。

麦野　取引先にはいろいろな悩みがあり、現場が取引先と信頼関係を構築できれば「うちの息子は大丈夫かね」「うちの専務に厳しいことを言ってやって

倉田 勲

よ」「業界はこの後どんなものだろうか」といった問題を耳にする機会は必ずあります。

　社長にとって将来自分の会社がこの後どうなるのかということは一番大きい課題です。後継者候補がいれば事業承継の提案から貸出につながり、銀行のビジネスになることもあります。会社を売りたいということになれば、支店担当者がマッチする企業はないか探し本部や他店と相談をすることになります。

三宅　全国平均で後継者不在企業が66%というなか、M&Aは後継者問題解決の極めて有効な手段の一つとして経営者のなかで認知される時代に入りました。

　北陸銀行さんは以前から積極的にM&Aに取り組まれています。当社では毎年M&Aへの取組みが顕著な地方銀行を表彰していますが、北陸銀行さんは2013年度の第1回表彰において最高賞である「バンクオブザイヤー」を受賞されました。14年度でも、貴行の担当者が「バンカーオブザイヤー」を受賞されました。成果を挙げられている背景を伺いたいと思います。

麦野　日本M&Aセンターさんから、1回目、2回目に表彰を受けたということは大変うれしいことです。M&Aの話や後継者の話は、お客さまとの距離が近くお互いに信頼がなければできません。早くからM&Aに取り組み人材を育成して行員のマインドを高めてきました。それを組織として評価していただいたのがバンクオブザイヤーだったと認識しています。

　早くからM&Aに取り組んできた背景には広域店舗網という点があると考えます。広域店舗網を生かして、離れた土地同士であっても売る企業と買う企業の双方は紹介し合える土壌がもともとあったということです。事実、お手伝いするM&A成約案件のほとんどは売る企業も買う企業も当行の取引先です。

秘密保持に始まり、秘密保持に終わる

三宅　M&Aは本部の高度な専門性と、支店長を含めた支店の担当者の感受性やお客さまとの距離が重要で、本部と支店の動きがうまくかみ合ったときにいいM&Aができると思っています。地方銀行のなかでも一歩先をいく北陸銀行さんとして人材育成のポイントを教えてください。
麦野　実のところ本部での担当者は3人プラスアルファなのです。アルファというのは兼務している人も4、5人います。彼らは金融財政事情研究会認定M&AシニアエキスパートをはじめとしたM&Aの資格だけでなく、ファイナンシャルプランナー、証券アナリストや、不動産鑑定士など資格取得に励み専門知識を養っています。また、日本M&Aセンターさんと相互に人材を出向さ

三宅 卓

せて交流しています。

一方、お客さまと接しているのは現場の支店です。営業店のマインドを上げることが非常に重要です。支店長研修などで三宅社長にお越しいただきいつも指導をいただいています。また、現場では実務面でもアドバイスをいただいています。当行のお取引先同士のM&Aは多いですが、お客さまのニーズはそれだけにとどまらないこともあります。そのときに当行のエリア以外の情報を提供いただいたり、最後の決め手のポイント等を教わっています。

倉田　M&Aの年間の件数や営業店への収益配分の仕組みについてはいかがですか。

麦野　事業承継の相談は年間数百件にものぼりますが、M&Aを本格的に検討するのは年間40～50件で実際に成約になっているのが双方年商1億～30億円程度の企業規模で年間10件ほどです。結果として年間1億円程度の収益をいただいています。その収益は成約への貢献度に応じて売り企業側と買い企業側の営業店に分配します。

倉田　情報管理やコンプライアンスはどのように実践されていますか。

麦野　M&Aは情報管理に始まり情報管理で終わるものだと思っています。いったん情報が不必要な第三者に漏れでもしたら取引先のためにしていることが損失すら与えかねません。このため情報管理を徹底し、さらに利益相反や優越的地位の乱用等の観点からコンプライアンス意識の醸成に取り組んでいます。

三宅　そのとおりです。私も常に秘密保持に始まって秘密保持に終わるといっております。

一方、M&Aでは柔軟で機動的な業務遂行を求められることも多く、各銀行さんとも情報管理やコンプライアンス体制の整備には頭を抱えるケースが多いのも事実です。北陸銀行さんはその点で非常に安心感があります。

同時に、北陸銀行さんと日ごろからお付き合いさせていただいていて非常に素晴らしいなと思う点は、M&Aを通して地元企業を活性化したい事業承継問題を解決したいという思いを、会長、頭取をはじめとした役員、本部、支店が共有しみんなの方向性がぴったりと合っているところです。三方のベクトルが一致している銀行さんは理想的だと思います。

「地域共栄」「進取創造」「公正堅実」を唱和

麦野　強い組織とは何か、どうあるべきか、ということをいつも考えています。二つありまして、一つは自由に議論できる風土を醸成し、議論の上で決定したら一致団結して目標に向かって走ることが大事だと思っています。職員の階層に関係なく自分の思っている考えをきちんと言う、あるいは言い合える土壌がまず大事だと思っています。けれどもそれだけでは組織にならないので、権限を持った人がみんなが納得いくような目標を決めて、それに向かってみんなが一緒に力を合わせて動くということです。

もう1点は、現場を大事にすることです。お客さまと対応する現場が強くないと強い組織はつくれません。ですから、その現場をあずかる支店長というポジションを極力尊重して任せるものは任せる、現場で解決できるものは現場で解決をする、「現場力」を極力大事にしたいというのが、私の経営としての考えです。

1年半前に庵頭取とのツートップ経営体制を任されることになり、行員のベクトルを合わせるために何をすべきか、私たちは何のために仕事をしているか、ということを考えたときに最初に出てきたのは経営理念でした。「地域共栄」、「進取創造」、「公正堅実」です。地域が栄えない限り、当行の繁栄はありえません。経営理念を常に意識するため、会議や研修などの集まりには必ず全員が立って唱和しています。

唱和するだけでなく、経営理念を実践するために、今年度下期から「1取引先1応援運動」をやっています。自己本位な、いわゆるお願い営業に走るのではなくて、お客さまにどうしたら貢献できるかを考えることが必ず地域共栄につながると思っています。応援の仕方は、それが資産運用なのか、販路の開拓なのか、海外進出なのか、M&Aなのか、事業承継なのかはお客さまによって違います。経営理念があってまず地域に貢献し、その結果として私どもに収益が返ってきます。この順番を間違えては企業としては成り立っていかないと考えるためです。

三宅　「本当にお客さまのために何ができるか」という行員さんの姿勢を受けて、取引先も「こんなことに悩んでいる」と気持を開きます。それがM&Aの情報の多さと件数にもつながっているのでしょう。

北陸地方の中小企業にとって、新幹線開業で長野や東京が心理的にすごく近くなることでM&Aが増えるものと期待しています。実際、新潟では東京まで上越新幹線で2時間程度という心理的な近さからか元気な会社が大宮など首都圏の会社を買収してそれから東京に進出するM&Aのケースが多くあります。おそらく北陸地方の元気な会社にも同様のニーズが増えてくるものと考えます。逆に、北陸地方には製造業を中心に優良な会社が多く、東京の会社が北陸地方の会社を買収したいというニーズも増えるのではないでしょうか。

麦野　新幹線開業はゴールではないし受け身では何も動きません。ですから、これを生かすも生かさぬも一人一人が新幹線開業を契機にどう地域のために悩んで考えて実行していけるかにかかっています。

千葉銀行・頭取
佐久間英利 氏

週刊金融財政事情
2015年9月21日・28日合併号掲載

[ゲスト]
千葉銀行
頭取
佐久間英利 氏

株式会社日本M&Aセンター 社長
三宅 卓 氏

[コーディネーター]
一般社団法人金融財政事情研究会 理事長代行
倉田 勲 氏

総研と連携し四地域の「30年後の将来像」を提起――佐久間

M&Aで中小零細企業の雇用を守りたい――三宅

変化をチャンスに

倉田　アベノミクスの成長戦略の柱である「まち・ひと・しごと創生」の地方版総合戦略の策定に関し、地域金融機関として地方公共団体と協力して中小企業の活性化を図るという観点から、M&Aの活用も含めてお話をお伺いしたいと思います。政府は産官学金の連携という形を含めて、地域金融機関の積極的な関与を求めています。地方創生の協力要請についてどうお考えでしょうか。

佐久間　地域活性化への取組みは地方銀行の使命だといえます。これまでもそれぞれの銀行が地元経済の活性化に向け積極的に取り組んできました。今回は、国が旗振り役を担うことで、地方創生を必ず実現させるという強いメッセージだと受け止めています。地方銀行界としても、新しい日本の成長につながる話であり、よい機会を与えてもらったと思っています。

私が代表幹事を務める千葉県経済同友会では、2年前、設立40周年の節目に〝千葉県の30年後の将来像〟というレポートを出しました。当行グループのちばぎん総合研究所がまとめたもので、千葉県を特性の異なる四つの地域に分けて、それぞれの地域の発展の方向性についてさまざまな提言を行っています。

また、近年、アクティブシニアと呼ばれるシニア層が県内に多数移住しており、房総エリアがライフスタイルを大切にする人々の移住の受け皿と

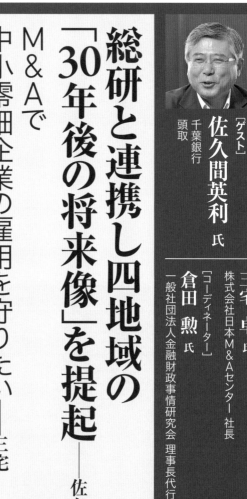

さくま ひでとし

1952年千葉県生まれ。76年千葉銀行入行。03年取締役経営企画部長、06年取締役常務執行役員本店営業部長、07年取締役常務執行役員、09年取締役頭取就任。

なっています。住民の高齢化や過疎化といった問題を抱える地域であってもこうした変化をチャンスと捉え、観光以外の新たなビジネスの創出にもつなげていきたいと考えています。

　このように千葉県には人口減少が進んでいる地域もあれば、首都機能の一翼を担っている地域もありますが、産業や経済をみてもまだまだ発展する余地はあると思っています。しかし、千葉県人の気質かもしれませんが、自己PRが苦手で、どこか安穏としているところがあり、ポテンシャルの高さを生かしきれていない面があります。このため、当行では危機感を持って地方創生に取り組んでいきたいと考えています。

　今年8月、地方創生へ向けた取組みを一層強化するため、私自身が委員長となり、「地方創生・地域活性化委員会」を設置しました。グループにシンクタンクを持つ強みを生かし、将来の千葉県の発展に真に役立つ計画が策定されるよう積極的に貢献していきます。

　地方自治体と連携して、10年後・20年後の千葉県の成長に資するものを残していきたいと強く思っています。

倉田　市町村レベルにおいても、地方版総合戦略の策定へ認識は高まっているということですか。

佐久間　どの自治体も高い関心を持って取り組んでいます。今は、どのようなものを作っていこうかと真剣に議論をしている段階です。

倉田　総合戦略の策定について、政府は地域金融機関に対して2点ほど提起しています。1点目は、地域産業・経済の将来性や事業の持続性の分析力を有してるか、それを経営戦略に反映されているかどうか。2点目は、実際にどの程度地域に密着して産官学金と連携する能力を生かしているか、です。この点についてはどう考えていますか。

佐久間　当行はグループにシンクタンク（ちばぎん総合研究所）を持つ強みがあります。綿密な調査や豊富なデータを基に地域の課題提起や解決に向けた提言を行ってきました。同社は25年の業歴があり、地元自治体からも地方総合計画やまちづくり推進に関わるさまざまな調査・コンサルティング業務を受託してきた実績があります。こうした調査・研究を、地方版総合戦略の策定に生かすことができると思っています。

　また、当行は、ちばぎん総合研究所の分析や提言を経営戦略に反映させています。法人営業部内に「成長ビジネスサポート室」を設置し、医療・介護、農業、観光、国際業務などの成長分野に専担者を置いています。昨年4月には、不動産、公共、企業誘致などの地域情報を専門的に扱う「地域情報部」を新設しました。同部が中心となって地域情報のコーディネート役を果たしながら、県内への企業誘致やプロジェクト開発などに適切に資金供給を行っています。

　地域との密着度という観点でいえば、当行は千葉県内に160の店舗網があるほか、千葉県と県内54市町村のうち、8割にあたる44の自治体で指定金融機関となっています。

また、ちばぎん総合研究所の会員は約5000社にのぼり、定期的に開催している講演会やセミナーに多くの出席をいただいているほか、人材育成の観点より若手経営者向けの「ビジネススクール」を毎年継続しており、地域との強い結び付きとなっています。

この他にも、自治体や地元大学などと地域活性化に向けた連携協定を結ぶなど、地域に対し「面での支援」を実践しています。

M&Aにより、全国規模で企業を組織化できる

倉田　三宅社長は中小・零細企業を対象としたM&Aのサービスを提供している立場からどうみていますか。

三宅　地方創生というテーマが脚光を浴びたことで地銀の活動が活発化しています。当社が中小企業庁等と連携して業務を行っているなかで、「廃業」が「倒産」よりも約3倍多いという事実を知りました。地方創生は大事ではあるがその前に働く場所がなくなってはいけません。また、団塊の世代といわれる年齢層が大量に引退される時期になっています。その結果、後継者不在の企業が全国平均で約66％というデータもあります。こうした現状において、地銀界ではM&Aを使って企業の存続を試みるという動きが活発です。金融機関の職員の方が当社に出向するケースも多くなってきており、貴行からも要請をいただくなど、地銀界のM&Aに対する取組み姿勢は大きく変わってきたと思っています。併せて、人材育成に対する取組みとして「事業承継・M&Aエキスパート資格」を活用する地銀も急速に増えてきました。

倉田 勲

佐久間　最近では、廃業した個人経営の保険代理店が持つ顧客ネットワークを第三者がそのまま買い取り、事業を継続するという動きが出てきていると聞きました。戦後の復興期に立ち上げた企業が株式公開などを通じて大企業に成長し、次世代への経営のバトンタッチがしっかりと行われているケースもありますが、多くの中小企業の場合、事業承継は切実な経営課題となっています。後継者不足に悩む経営者は少なくないでしょう。そうした局面では廃業を選択する前に事業継続を前提としたM&Aをぜひ検討していただきたい。M&Aを単なる買収・事業譲渡ではなく、事業継続の手段として捉えれば、新たな事業機会の創出や既存事

業拡大の足掛かりとなるチャンスも生まれてきます。

中小企業同士のM&Aが増えていけば、組織としての体質強化や事業の多角化、規模拡大につながり、スケールメリットが働くことで一企業体としての体力もついてきます。地方ではこうした企業を中核とした産業形成も期待できるでしょう。私の地元の木更津では、交通インフラが整ったこともあり、大手資本による大規模商業施設が相次いでオープンしました。これが呼び水となり県内外から多くの買い物客が訪れ、新たな商圏が誕生しました。その結果、周辺住民の雇用機会が創出され、木更津だけでなく千葉県内の雇用者数が増大したといい う。あらためて地域における企業活動の大きな存在感を感じました。

M&Aの活用は「地方創生」に貢献できる

三宅　アメリカではM&Aの仲介者が全米で約5000社ありますが、ネットを使って低い手数料で仲介しています。低い手数料や、手続きが簡易ということもあって非常に普及しているサービスです。当社もネットでの仲介システムを開発、中小・中堅だけではなく零細企業のM&Aにも焦点を当てており、近いうちに日本の金融機関でも活用できるように準備しています。

佐久間　千葉県の中小企業には「光る技術」を持つ企業が数多くあります。例えば、千葉県内にレンズを磨く小さな企業です。発注はメーカーから直接受けていますが、そのメーカーはこの下請けを大事にしていて値段をダンピングしないから経営も比較的安定しています。レンズを磨く技術は非常に高度なもので、その技術は伝承していかなければなりません。こうした企業がしっかりと技術を伝承し、事業を継続してもらうことは何よりも大事です。

当行は取引先の成長や経営改善につながる提案を行うなど、企業の事業性評価への取組みを強化しており、単に資金需資に対応するだけでなく、取引先の売上を上げる、コストを減らすといった本業支援の提案もしっかりと行っていきます。そのために県内各地に総合店舗を置き、企業のニーズに応えられるように取り組んでいます。

三宅　当社が取り組んだ事例として、過疎地の企業が首都圏の企業の買収を行ったケースがあります。過疎地の企業は印

三宅 卓

刷会社でしたが、首都圏の広告代理店を買収することで営業部門を首都圏に配置し多くの業務を受注することができるようになりました。受注内容はデータで過疎地の印刷会社に送られますので、地元で業務を継続できるだけではなく首都圏の仕事を過疎地に取り込むことができます。この買収は印刷会社にとって収益拡大のきっかけになりましたが、地域経済の活性化という観点でいえば、このようなＭ＆Ａの事例は今後、地方創生に生かすことができるはずです。

佐久間　千葉県の経済活動のほとんどが県内完結型ではなく、東京をはじめとした首都圏、関東に広がっています。さらに、千葉県は全国屈指の農業県であることや国際空港を抱えているということもあり、輸出や企業の海外進出も活発です。地域の活性化に関しては、県内だけでなく視野を全国・海外まで向け、他の地域の産業や企業と有機的に結び付けていく努力も必要です。

倉田　アグリビジネスにおける農業経営においても後継者不足に悩んでいると聞いています。

佐久間　これは極めて深刻な問題だと考えています。一部では大規模経営による生産の効率化が進んでいると聞きますが、大半の農家では、担い手の高齢化や後継者不足といった問題がすでに顕在化しています。安価な輸入農産品におされ廃業する農家も増えてきています。こうした問題は耕作放棄地の拡大にもつながっており、農村を守っていくことは非常に難しいと感じています。

三宅　当社においては、トマト工場やキノコ工場といったように工業製品化している野菜であれば実績はあるが米農家の実績はありません。しかし、農家の組織化によって効率的な経営ができる可能性は残っているのではないでしょうか。

佐久間　確かに農業法人化することで効率的に経営できる可能性はありますが、農地の取得には農地法の規制などもあり、現在は大変厳しい状況にあると認識しています。

医療・介護分野の強化が今後の最重要課題に

倉田　千葉県においても人口は長期的に減少傾向にあるのでしょうか。

佐久間　将来的には減少していくでしょうが、目先10年程度は大きく減少しないでしょう。県の人口構成をみても比較的若年層が多く、減少ペースは遅いと思います。しかし、一方で高齢化は着実に進んでいきますので、今のうちから医療・介護分野に対する積極的な取組みが必要であり、今後、最も重要な分野の一つであると考えています。

倉田　医療・介護のビジネスについてはどのように取り組んでいますか。

佐久間　千葉県は圧倒的に医師とベッド数が足りません。さらに核家族化の影響で近い将来介護施設の不足も表面化していくでしょう。当行もこうした状況を踏まえ、医療・介護の専担者を置き、外部機関とも連携しながら開業支援や資金供給を積極的に行っています。

三宅　全国的にみると医療・介護関連のＭ＆Ａの実績が近年急速に増えてきています。後継者として医師免許を持つ息子や娘がいるものの経営のわずらわしさから親の後を継ごうとしないケースも多いです。介護施設においては、大企業が数百の介護施設を組織化して効率的に経営をしている一方で、採算が合わなくなっている事業者も多くＭ＆Ａの対象になった企業も増えてきています。

佐久間　病院経営では診療行為と経営を分けて考えることが必要だと思っています。Ｍ＆Ａなどを通じて、優れた経営者に経営を任せ、診療行為は優れた医師に医療の場を提供するような体制づくりが非常に重要であると考えています。

三宅　医療施設の場合、経営難を理由に撤退してしまうと地域医療が消滅してしまう恐れがあります。そのため、存続させることは重要ですが経営難のため支援することが難しいという相談を金融機関から受けることがあります。こうした場合に、当社のマッチング力を生かしてＭ＆Ａの仲介を行いますがこれは地域のためでもありますし、その医療施設がＭ＆Ａによって経営を立て直すことができれば、金融機関にとってもメリットになります。

佐久間　当行は、お客さま第一主義のもと、お客

さまのニーズにはグループを挙げてワンストップでお応えするということを徹底してきました。しかしながら、お客さまにより有益な情報やサービスが提供でき、当行の企業価値向上につながるものであれば、外部の機関とも積極的にアライアンスを図っていきます。M&Aの分野でも同じことで、当行が持つネットワークを越えて、お客さまにより有益となるM&Aが成功するならば、日本M&Aセンターさんのような専門機関とも協業して、知見や情報を吸収し、顧客サービスのさらなる向上に努めていきたいと考えています。

倉田　M&Aの分野に限らず、今後は金融機関の職員にはさまざまな能力を身に付ける必要があります。特に、人材の育成に留意している点はありますか。

佐久間　より専門的で高い能力を身に付けるには、自分自身のなかでキャリアプランをしっかりと描けるかが重要だと思っています。そのためにはさまざまな経験が必要です。例えば、投資型金融商品を販売するには、マーケット動向を熟知することで、より有益な情報が提供できます。法人営業も取引先の業界動向や競合相手などを知ることで、顧客ニーズへの的確な対応が可能となります。当行では海外拠点や外部機関、他業態の企業にも積極的に行員を派遣し、多様な人材の育成に力を入れています。若手行員には、謙虚な気持でさまざまなことに挑戦し、経験値を積んでいってもらいたいということです。

TOP鼎談［08］

ふくおかフィナンシャルグループ・社長/福岡銀行・頭取
柴戸隆成 氏

週刊金融財政事情
2016年1月4日号掲載

［ゲスト］
柴戸隆成 氏
ふくおかフィナンシャルグループ・社長
福岡銀行・頭取

三宅 卓 氏
株式会社日本M&Aセンター 社長

［コーディネーター］
倉田 勲 氏
一般社団法人金融財政事情研究会 理事長代行

顧客起点のサービス改革で法・個一体のワンストップ対応へ――柴戸

九州全県8カ所でセミナー開催、後継者問題が焦点に――三宅

副頭取をヘッドに推進チーム組成

倉田　地方創生は各地公体が今年度中に「地方版総合戦略」を策定し、来年度から実施という運びになっていますが、政府によれば、この戦略づくりに地域金融機関の72%が関与し、うち66%が専門部署等を設置して取り組んでいる、としています。FFG（ふくおかフィナンシャルグループ）では関係地公体との連携作業はどの程度進捗していますか。

柴戸　地方創生は、われわれ銀行にとってもプラスの影響が極めて大きいです。銀行が成長するためには地元経済の成長が必要です。そのための努力は地方創生が提唱される前からどの銀行も取り組んできましたし、われわれにとっても大きな命題です。地銀にとって地方創生は従来の業務の延長線上にあるといえますが、せっかくの機会だからここであらためて気を引き締め直して取り組んでいこうということです。それはひいてはわれわれのためにもなります。FFGのエリアでは地公体が130あります。各首長や担当セクションと、銀行としてどういうことができるのか、求められることは何かということを議論しています。地公体では地方創生のためのいろいろな委員会等を設けていますが、その7割くらいにわれわれが参画している状況です。

銀行側の体制としては、それだけ相手先が多数なので銀行全体として調整を取る必要がありますから、福岡銀行では副頭取を、持ち株会社（FFG）としては副社長をヘッドとして熊本銀行と親和銀行から、地方創生の推進チームを組成しています。

倉田　体制としては何人くらいのチームになっているのですか。

柴戸　何人というよりも銀行を挙げてやっていこうという体制です。窓口は「公務金融法人部」としていますが、求められているのはもっと多岐にわたるのでそれぞれのセクションから参加して協議するようにしないと対応できません。

倉田　福岡では従来から産官学金の協調の実績があるところだったのですか。

柴戸　福岡には九州大学があり、非常にアグレッシブです。われわれとしてもいろいろなビジネス案件で相談するという実績があります。九大をはじめ大学はシンクタンクとしては相当なパワーを持っています。九大以外のところも含めて以前からお客さまの期待に応えるために各方面で提携を進めており実績も上がっています。

しばと たかしげ

1954年福岡県生まれ。76年福岡銀行入行。94年大分支店長、05年常務取締役、12年ふくおかフィナンシャルグループ 取締役副社長（代表取締役）、14年福岡銀行 取締役頭取（代表取締役）、ふくおかフィナンシャルグループ 取締役社長（代表取締役）（現職）。

100件超のM&A件数に対応

倉田　地方創生は、大きな意味では地域経済の活性化ということですが、FFGでは「オーナーコンサルティング」をコアビジネスと位置づけて体制を強化しています。その事業支援の柱の一つにM&Aや事業承継がありますが。

柴戸　福岡銀行は平成12年に赤字決算をして、大きな不良債権を処理しました。その過程でいろいろなM&Aの事象があることを学びました。それを前向きに生かしていこうという姿勢から今のM&Aの取組みがあります。間口は営業店で、今は年間100件を上回る件数があがってきます。そのなかから、本部の部隊が動きながら成果に結び付けていくというスタイルをとっています。M&Aには経験が重要です。それにはある程度件数を重ねて経験するのもいいですし、例えばM&Aセンターさんに行けばそういうノウハウが早く身に付くので出向させてもらうとか、そういうやり方で育てています。実際に経験することが時間的にも有効だと思います。

倉田　第4次中期経営計画では「〝お客さま起点〟の構造改革による営業基盤の拡大」とし、「お客さまとのリレーションの深化」と「サービス改革」に取り組むとしています。そのなかで、オーナー経営者が抱える事業承継・資産承継などの課題に対して、グループ内でワンストップの対応をしていくとしています。体制として法人と個人の業務を一体化しています。

柴戸　オーナーのお客さまは会社の経営者ですし、富裕層の方が多いです。以前はそこに法人の担当者が行き「お宅の資金需要はどうですか」とか「M&Aはどうですか」と。一方、個人担当の別の者が行って、「社長、あなた個人の相続どうしますか」と。経営者を半分に切って、会社の分はこの人に、

倉田 勲

個人の分はこの人にと別々に提案していたことを見直していきます。顧客起点で考えれば、われわれのほうが変わるのは当然だということです。

三宅　当社と日本政策投資銀行と一緒につくっているファンドの会社「日本プライベートエクイティ」と「ふくおかキャピタルパートナーズ」とで提携してファンドをつくりました。地銀が単独の事業承継ファンドをつくり、専門のところと組んでいるというのはたぶん唯一ではないかと思います。これは非常に進んでいらっしゃる考え方です。

九州全県でM&Aを支援

倉田　そうした背景の一つに、倒産件数よりも廃業のほうが上回っているという中小企業の実情があるようですが。

三宅　帝国データバンクの調査によると、九州地区において休廃業と解散が倒産の4倍を超えたといいます。当社が今年の6月に、福岡銀行を含め全県の地銀から後援をいただいて九州全県8カ所でセミナーを開催したところ予想を上回る1500人の方が参加しました。最近後継者問題で悩んでいる企業がずいぶん増えているという気がします。

柴戸　われわれのところでもM&Aの件数はそう多くはありませんが、6割くらいは後継者問題でのM&Aです。全国的にみても中小企業の方の大半は後継者問題を抱えているといえます。今では、M&Aというのは特別な世界ではなくごく自然に提案することができるようになりました。

三宅　10年くらい前では、譲渡が成約して事業者は3、4億円を手にして連帯保証も外れますし、喜んでもらえるかと思ったら、暗い顔されていて「俺はもうこの辺ではゴルフできないな」などと言われました（笑）。最近はM&Aを成約した社長さんがあいさつ回りに行くとみなさんに「おめでとう」と言われる時代になりずいぶん事業者さんの受け止め方が変わりました。そういうなかでは、（新たな取組みである）大手地銀9行による広域連携でM&Aのマッチングをしていくということは強い力になっていくのではないかと期待しています。

柴戸　まだ連携の成果が挙がっている段階ではありませんが、インフラができたのでいろいろなサービスや支援ができるという楽しみがあります。自分たちのエリアでないところともつなぐことができますし、シンジケートローンなどアイデアは多く出ています。まずは商談会をやるなど順々に取り組んでいきたいと考えています。

短兵急ではなく長い時間軸で

倉田　そうした新しい動きがあるなかで、行員にも新たなスキルや資格が求められてくると思いますが、トップとしてどのようなスタンスで推奨しているのですか。

柴戸　資格は目的ではなく道具として身に付けておくと役に立ちます。銀行業はある意味で規制業種なので企業にお金を貸したりなどということではそう差がありません。どういうところに差ができるかというと、企業が窮状に陥っているときに問題にどう対応できるのかというところでわれわれの存在意義を見せていくということが重要なのです。そういう点で資格はかつてはあまり推奨していませんでしたが、今は目的ではなく手段として必要な時代になったと思います。

三宅 卓

倉田　銀行にとってM&Aビジネスは収益的な面から考えると役務収益に入ると思いますが、例えば投信だと販売手数料が相当な収益になります。M&Aでは1件当たりの収益率は高いと思いますが期間はかなりかかります。また、目標を立てて達成できるものでもありません。コストパフォーマンスはどう判断しているのですか。

柴戸　地方創生でもそうですが、あまり短兵急にこれをやっていくら収益になるということでは続きません。M&Aは長い時間軸でみると必要な業務ですし、1回それを成し遂げられるとおそらくその取引先との関係は長く続きます。そういった企業の成長期を共に歩むという形はありがたく感謝されます。

三宅　まさに短期的になかなか成果が挙がるものではありません。最近、中規模の地銀から相談があるのは、「業務収益でそうそう増収・増益は見込めないなかでやはり役務収益をあげていきたい。しかし、投信販売なども全力を挙げて推進してきたので今後はそうそう伸びない。そのなかで、M&Aで全体の役務収益のなかの5%から10%くらいは上積みしていきたい。それを5年間くらいでやりたい」という。「5億の手数料を上げるためにどういうシナリオが描けるのか考えてほしい」というようなご相談がこの1、2年増えてきました。5年前は収益に関係なく取りあえずお客さまのためになればいい、地域のためになればいいというスタンスでしたが、最近そういう意味では収益にも寄与してほしいという期待があります。

もう一つは、M&Aをやった人はバンカーとして育つと考えられています。M&Aは本当にお客さまのことを全部知らないとできません。ビジネスモデルを知らないとできませんし、財務にも深く関わるし家族関係のどろどろしたところも関わるので、バンカーとしての素養が身に付きます。なので3、4年この仕事を担当させてから重要な母店に配置して、そこで営業の最前線で活動させて将来的には母店長のような幹部候補生にしていきます。M&A業務を人を育てる一つのルートとして使っていくという地銀も増えています。

M&Aのニーズ強い医療業界

倉田　地域の産業構造、企業の業態も多様化・複雑化してきていて、例えば医療については昔風の町医者がいて大学病院があってというところから、人口動態や医療制度の変化などからいろいろな形での医療ビジネスが発生してきています。銀行にとって医療ビジネスも経営的な再生支援も含めて大きな分野だと思いますが。

柴戸　当初は医療関係の取引先が多かったことから早くから行員を出向させてノウハウを身に付け

た者が多いです。高齢化が進展するなかで介護の設備資金のニーズなどいろいろな動きがダイナミックに起こっています。戦後建てられた病院などもかなり老朽化しています。さまざまな動きがあるなかで医療業界も規制のなかに入っている事柄が多いですので、対応する時間を買うという意味でM&Aのニーズが他の業界より多いです。そういうところからわれわれとしては力を入れている業界の一つです。

三宅　医療業界は再編が進んでいて、団塊の世代が66～68歳なのでこれから5～7年くらいが事業承継もピークになってきます。一方で就業者人口が激減している現状があって、20歳から64歳が2000年には8000万人いましたが、2025年には6500万人に減り、2060年には4000万人と半分になってしまいます。働いてくれる人もいなければモノを買う人もいない時代になっていきます。そのなかで、業界再編が進んできています。業界再編が恐ろしいのはいったん始まると最後までいくという感じで、例えば薬問屋などは20年前は300社以上あったのが今では3社にまで集約化されています。病院はまさにその流れに入りつつあります。

倉田　そういう経営技術を持たない医者や病院経営者には、マネジメントや再生のノウハウを持っている金融機関からのコンサルティングやサポートは価値があるでしょう。

事業再生の過程では不動産業務が発生しますが、銀行がいろいろサポートする場合規制がネックになります。最近のトピックスでは金融庁の審議会やワーキンググループで規制に関して議論されています。事業再生では不動産の処理などが伴うケースがあると思いますが、そのあたりはどうお考えですか。

柴戸　銀行が不動産業界に出るというのは難しい面がありますが、限られた範囲のなかでも構わないので認められるようになると、われわれの出番がより増えてきます。事業再生で、ここから先はできませんという形ではなく、ワンストップで取り組めればよりよいと思います。今回、審議会を通じてそういった見直しが進められるように前向きに考えています。少しでも余地が広がればポジティブに受け止めていきます。そのなかでやれることを考えていったほうが得策だと思います。

当面の重要課題はICT化への対応

三宅　人口減少、高齢化、事業承継問題も深刻化していくなかで地方経済はどんどん低落していきます。そのなかで地銀の役割は大きくなりつつあるのではないかと思っています。いわゆるホールディング化で広域地銀化されていきます。貴行はフィナンシャルグループで九州全体を大きくカバーされていて地域経済をみることができ、そのなかで業界再編の最適化であったり、ビジネスマッチングの最適化であったり、あるいはM&Aのマッチングができていきます。そういうプラットホームになっていけるというのはこれから大いに有意義なことだと思っています。

柴戸　当然ながら実際の企業活動は県を越えていますので、一地域だけで捉えていると全体最適はどうなのかということがあります。取引先のほうが広域化しているのでわれわれもそういった視点でサポートします。長崎の案件を長崎だけでやる必要はありませんし、長崎のお客さまは福岡との商流もあります。そういうものをうまく結び付けたりサポートしたりしていきながらやっていかないとうまくいかないと思います。そうした面で今の体制のメリットを生かしていきます。お客さまのほうが広域化しているということがベースとなっているのでわれわれがお客さまについていっているという意識もあります。

倉田　そういう意味で、「マルチブランド・シングルプラットホーム」のメリットを最大限発揮できるのではないでしょうか。

柴戸　まさに今、メリットを発揮しようと思いいろいろやっているところです。われわれはお客さまからみたら顔は三つあるけれど体は一つで合併に近い効率性を追求しています。各地域で受け入れやすいブランドはそのまま生かしてビジネスを展開するというスタイルをとっていて、そのなかで最大のパフォーマンスをあげるように体制をつくっています。

倉田　九州では一極集中の福岡県といえども長期的には人口動態としては減少します。特にそのために、今から対応策や経営戦略を立てていかなければならないという切実感はありますか。

柴戸　人口問題は明日から半分になるわけではなくあまり悲観的に捉えすぎるといけないと思っています。他方で福岡への訪日の観光客という面では去年は170万人来て、今年はもう200万人です。パイが広がる、そういう環境にあるなかで着実に戦略的に対応していけばいいと思っています。

人口問題もさることながら今後の大きな課題は地域を越えるICTビジネスの動向です。これはアメリカからも来るし他の業態からも来ます。逆に言えばわれわれも行けます。人口減少というのは10年で1割ですが、ICT化の流れはもっと速いです。ここのところ急激にスピードアップしています。これにどう対応してくか。どういうプレーヤーが出てきても、こちらが一緒に手を組みたいという相手はわれわれがたくさんの取引先を持っているところが魅力だと思います。他方で、ICTに強みを持っている業種の金融業務への参入などの脅威についても対応していきたいと思っています。

城北信用金庫・理事長
大前孝太郎 氏

週刊金融財政事情
2016年2月8日号掲載

［ゲスト］
大前孝太郎 氏
城北信用金庫
理事長

三宅 卓 氏
株式会社日本M&Aセンター 社長
［コーディネーター］
倉田 勲 氏
一般社団法人金融財政事情研究会 理事長代行

非金融サービスのトータルパッケージを提供していく——大前

M&Aは丁寧に、両者の企業文化の融合に腐心——三宅

ビジネスマッチングは非金融の代表

倉田 これまで6年間常務理事・専務理事として金庫経営に携わってこられましたが、理事長に就任されあらためて抱負を伺えますか。

大前 私はこれまで金融以外の分野での経験のほうが長いこともあり、外からの目線という意識を強く持っています。ユーザー目線というか社会からの目線かもしれませんが、金融機関が社会にどう映っているのかという意識を大切にした経営をしたいというのが基本姿勢です。当時から金融機関に対して、ほかの業態の企業と比べるとビジネス面の工夫において劣っているのではないかという印象がありました。「融資基準に合えば貸してもいいですよ」という姿勢では到底通用しないということを10年以上前から思っていました。

そこで、私は「非金融」を社内的に掲げています。当然ビジネスモデルとしては金融業務の部分が最も大きいですが、「ビジネスモデル＝自分たちのビヘイビアー」という今までの金融業のやり方でいいのでしょうか。やはり企業あっての、ビジネスが活性化しての金融なのですから、尻尾（金融）が胴体（企業）を振り回してはいけないという認識を持っています。そういう意味で、信用金庫の金融機能に加えて非金融分野でのサービスという分野をしっかり構築していかなければなりません。

非金融といってもさまざまな分野があると思い

※鼎談者の肩書および記事内容は掲載当時のものです。

おおまえ こうたろう

1964年東京都生まれ。住友銀行（現 三井住友銀行）を経て、98年より内閣官房特別調査員。2001年より内閣府参事官補、企画官を経て、06年より慶應義塾大学総合政策部准教授。09年より城北信用金庫常務理事、12年専務理事、15年理事長。

ますが、ビジネスマッチングは非金融の代表だと思っています。ビジネスマッチングとは単に商談会を行うということではありません。企業のプロセスを、モノを作る生産の過程とモノができてからの取引の過程とに分けたときに、モノを作る以外の部分ですべてのマッチングが求められると考えています。そこでは、商社の機能も必要でしょうし、プロモーションのような広告代理の部分も商売には必ずついて回ります。そのことをお客さまにどう伝えるかという知識を持ち、ソリューションも提供できるようにしていくことが重要です。

もちろん金融業務をしっかりやるというのは前提ですが預金、貸金、運用というところはどちらかというとやや保守的に考えています。

三宅　歴史的にみて信用金庫という本来の業態が今の時代にあまりマッチしていないような状況もあると思います。融資や預金等の金融業務の分野では安定的に収益を確保して、その上に先進的なサービスを提供していくということは、信金の殻を破ることになるのではないかと感じました。信金が本当に地元密着で、顧客サイドに立ったサービスができると思います。

倉田　最近では横浜銀行と東日本銀行、常陽銀行と足利銀行という周辺有力地銀の統合があり、首都圏は重層的な競合構造が強まるがどのように差別化をしていくのでしょうか。

大前　どのように対抗していくかまだはっきりといえる状態ではありませんが、方向感としては非金融のところのサービスとM&Aのテクニックを含めた事業承継、あるいは事業の多角化といったニーズへの対応も含めトータルパッケージを提供したいです。申し訳ないけれどもそのプライシング自体は高くなってしまうかもしれません。当然、社会には「お金が借りられればいい」というニーズがあり、そういう人たちにとっては値段（金利）が大事ですので、それはそれできちんと対応もしていきたいですが、うちはあまり無理をしないというところかもしれません。

三宅　トータルパッケージで安売りをしないという考え方は事業性融資では重要だと思います。例えば、証券会社のリテール商品、あるいは消費者金融や住宅ローンなどもどんどん機械化して安ければ安いほどいいです。しかし、事業に関するものは単に融資だけがあるわけではなく、何らかの事業を新しくしていくために融資があります。そこでは事業と方向性をも語り合うことができる人が必要となります。当然事業承継も発生しますし、あるいは古いビジネスを新規ビジネスとして第二創業も発生してきます。

M&Aとか事業承継とか、そして事業性評価も含めてトータルパッケージで貸していく場合コストもかかるため値段も高くなります。金利もきちんといただくというのはあるべき姿だと思います。

これは、地域密着で例えば後継者の人の性格といったことも含めフェース・トゥ・フェースで定性情報をつかんでいる信金だからできるサービスでしょう。他県の地銀が東京都に進出してきて、

倉田 勲

ローラー作戦をやってもなかなか定性情報がつかめません。やはり信金は5年、10年の付き合いのなかで、例えば、あの人は中学のときクラブ活動で部長をやっていてリーダーシップがある、といった情報があるのですから。

事業性評価には ビジネスを語れる人材が不可欠

倉田　金融庁の行政方針でも強調されている事業性評価に基づく融資についてはどのように受け止めているのでしょうか。

大前　私のイメージではそれが王道だと思っています。事業性評価にあたっては当然人材育成の仕方も変わってきます。今までの金融業界では、金融機関に入ると「銀行」や「金融」という文脈で出てくるビジネスということしか学んでいません。事業性評価にあたって、企業ビジネス自体を語れるような人材育成が足りていないと痛感しています。

うちの取引先には皮革製品系の企業が多いです。OEMでブランドのバッグを製造していたり、靴をつくっていたりする企業ですが、現在業界は苦しい状況にあります。そういうときに新しい靴のビジネスモデルは何なのかを熱く語れる人材がいなければ事業性評価といっても無理があります。つまり、事業性評価というのは審査ラインがうんぬんということではありません。ビジネスソリューションなりビジネス自体を語れるスタッフを多く抱えなければ真の意味での事業性評価は難しいでしょう。

倉田　こちらでは従前からダイバーシティの人材を採用しておられますが、今のお話のような人材を採用時から適性を判断して採用しているのでしょうか。あるいは採用してから分野ごとにスキルを付けているのでしょうか。

大前　私は採用もかなり長く担当していますので、多くの学生に会っていろいろな話をしています。何をやりたいかという話のなかで、将来はビジネスを起こしたいというような人材は高く評価します。

倉田　いずれ金庫を辞めて、経験を生かしてと。

大前　私はそれでも構わないと言っています。取引先の企業の経営を「自分ごと」としてみるでしょうし、金融機関はそういう人材のインキュベーターであってもいいとも思います。金融業務がやりたい、営業をやりたいと言ってもそれだけではどうなのかなと思うところがあります。特に事業性評価を考えますと、人材のポテンシャルという意味では起業したいというような学生たちのほうが真剣にビジネスに向き合ってくれるのではないでしょうか。新規採用のときにはそういったことが頭の隅にあります。マーケティングに詳しいという学生なども、「ビジネスを語れるベースはできているかな」と思っています。しかし、それは学生のレベルの話であり、実際に働いてみるのとは違うのですから入庫してから研修で育成していきます。

M&A、事業承継の人材育成が急務

倉田　最近日本M&Aセンターさんと私どもとで連携している「M&Aシニアエキスパート養成講座」を採用していただきましたが、これなどは現有勢力の方に新しいスキルを身に付けるという事例と言えます。

三宅　高齢の事業主も多くどうしても事業承継やM&Aの問題が発生してきます。そのなかで「シニアエキスパート」を大勢で取得するというのは素晴らしいです。ただし、事業承継を語れる人間を育成し、いくら職員がレベルアップしてもお客さまがそれを分からなければ意味がありません。

三宅 卓

ですから当信金にはシニアエキスパートが100人いますということを公表して、名刺にも書いて事業承継が語れる職員だということをアピールしていきます。「相談してください」と門戸を開いておくということも大事なことです。

大前　おっしゃったように、金融あるいはビジネスにまつわるノウハウは一般の方にはなじみにくいところがあります。「ラベリング」のようなものはお客さまの安心にもつながるので伝え方も大切です。M&Aについては、かつてとはだいぶイメージが違ってきたと感じています。特にわれわれは地域でやっているからなのかもしれませんが、最近売り手・買い手さん共に従業員の存続にも注意を払っているという事例が多いという印象があります。それは地域経済にとってもいいことだと思っています。

三宅　今M&Aは丁寧にやっていて、両社の企業文化をどうやってうまく温存しながら融合させていくかというテーマがあります。30年、40年もかかって培ってきた会社を引き受けていただくわけですので、その思いを伝えるための工夫もしています。当社では「成約式」を今までは事務的に行っていましたが、今はホテルの結婚式レベルでやろうとセッティングしています。新婦からの手紙ならぬ譲渡企業社長の奥さまからの手紙を読んでもらったりしますと、関係者はもう感極まって泣いてしまいます。買い手企業はそれを目の当たりにしますので、こんなにがんばってつくってきた会社を譲り受けたのだから大事にしなければと思ってくださいます。

倉田　M&Aや事業承継の部署のあり方などはどう考えていますか。

大前　お客さまサイドの「ソリューション部」のようなセクションで横串的につくっていく必要性を感じています。M&Aを分かっている人材の育成が大事ですし、もう少し広く考えて相続や起業に明るい人材も必要かもしれません。「パッケージ」というのはそういうことです。

　もちろん、うちの職員だけでは難しいテクニックもあると思いますので、そこはM&Aセンターさん、あるいは不動産などの専門家と広く連携をとっていけるセクションを早急に考えなければいけないと思っています。顧客の重要な経営上のソリューションを提供できる体制を整備します。「養成講座」の参加人数を増やしているのはそういった点を見込んで早く人材を育成したいからです。

NACORD劇場で新商品販売を支援

倉田　コンサルティングを中心とした付加価値のある提案をしていくということを強調していますが具体的にはどのようなことですか。

大前　お客さまのニーズにはいろいろな局面があります。うちはモノ自体を生産することのお手伝いはできないかもしれませんが、取引過程についての知恵や企画を何か提供します。例えば、いくつかの企業のブランディングに携わっています。クリエーティブチームをつくり、ロゴの試作品を提案し、企業再生や一層の活性化につなげていきます。ほかにも、中小企業の成長支援策として特許庁の「知的ビジネス評価書作成支援事業」を活用しています。評価書には、取引先が保有する特許等の優位性や、それを活用したビジネスの概要・将来性がまとめられているため、取引先にとっては知的財産の観点から自社の強みを把握できるほか、販路開拓や新事業展開に際しての有力なツールとなります。

　当金庫にとっても、取引先の成長可能性を多面的に把握できるため、より適切な事業性評価と、それに基づく成長支援・課題解決支援に活用することが可能となります。

三宅　M&Aの際の知財の評価は非常に難しくて、その知財をどう活用できるかということによります。製造基盤や営業基盤を持っている会社であれば有効に活用できますが、そうした基盤を持たず活用しきれないこともあります。そのためわれわれはまだ収益貢献度でしか評価できていません。しかし、本当はその知財の潜在的な価値について評価していかなければなりません。実際にそれで大成功した例もあります。

例えば、コイルを作っているある零細企業は赤字で債務超過でしたが、そのコイルが電気自動車のモーターに使える技術ということで大手のコイルメーカーが高い金額で買ってくれました。この会社がやっていたのでは電気自動車に使える技術であっても、それを展開する能力はなく宝の持ち腐れでした。信金は常々社長から「この技術はすごい」ということを聞いているわけですから、われわれにその情報をくれたら会社をつなぐことができます。そうすると、債務超過の会社が何億にもなるということがあります。金融機関との連携プレーは知財評価でも非常に重要です。

倉田　クラウドファンディングを活用する「NACORD」にも取り組んでおられますが。

大前　クラウドファンディングは資金調達手段と思っておられる方が多いですが、私はマーケティングツールとして使うのが一番いいのではないかと思います。コーポレート全体としてファンド的にお金を集めるスタイルもありますが、私は「こういう商品を作ろうと思うが、誰か興味ありますか」というワンアイテムベースのタイプを採用しています。利用する企業側にしてみれば予約販売となります。最初に代金を回収して、そのお金で商品を作って渡すという形。これはマーケティングツールとして重要であり、不良在庫を作らない仕組みでもあると思っています。これは今取引先で多く使ってもらっています。今まで作ったことはないけど少し遊びをやってみたいというものを試す場合によく利用され、二、三面白い展開になっているところもあります。

他方で、経営者の方のプロモーションツールとして喜んでいただいている面もあります。中小企業の経営者として何かを語りたい、露出したいという思いはありますが、何かの大義名分がなければただホームページで自己主張してもあまり説得力がありません。「NACORD劇場」というのは新商品を買ってもらおうとする場ですから、そこでのプレゼンテーションは妥当性があると思います。

TOP鼎談[10]

京都中央信用金庫・理事長
白波瀬誠 氏

週刊金融財政事情
2016年4月25日号掲載

[ゲスト]
白波瀬 誠 氏
京都中央信用金庫
理事長

三宅 卓 氏
株式会社日本M&Aセンター 社長

[コーディネーター]
倉田 勲 氏
一般社団法人金融財政事情研究会 理事長代行

営業支援サポートチームで営業店の現場力を向上——白波瀬

問題解決型、提案型の営業スタイルが加速されている——三宅

インバウンド効果で経済活性化

倉田 全国260余の信金のトップ、資金量4兆3000億円を擁する信金の理事長に就任されて、あらためて抱負などを伺えますか。

白波瀬 これからも健全な金融機関を目指し、リーディングバンクとして地域に根ざした経営を構築していきたいと考えています。

倉田 最近の営業区域内の経済動向で特徴的な点は何ですか。

白波瀬 京都ではインバウンドの影響がかなり表れており経済面で活性化しています。ホテルの開業も目立っている他、市内の地価動向は活況を呈しています。

倉田 アベノミクスの効果は中小企業には現実化していないという声が多いですが。

白波瀬 東京一極集中を是正するということは一朝一夕にできることではありません。時間はかかりますがその地域に根付けるような組織、企業体系をつくっていく方向で努力していけば徐々にシフトしていく形になるかと思います。京都財界は地方創生の一環として、文化庁を京都に移転招致するという要請をしています。総合的に「京都ブランド」を高めていけば、魅力ある都市として人も集まり、企業も集まります。多方面から取り組んでいくことが大事だと思います。

倉田 中小企業にも前向きの設備投資が期待されていますが。

※鼎談者の肩書および記事内容は掲載当時のものです。

白波瀬　新たな設備投資はこれからの成長産業である観光、医療・介護、環境関連などの分野において出てきていますが、今のところ大きな経済活性化への活力になっているといえるまでには達していません。設備投資といっても、老朽化による買い替えなどのウエートが高いです。まず、将来的に企業が安定した事業継続の見通しを立てられるような経済状況をつくらなければなかなか新規の設備投資はできない状況です。一方で、企業自身は業績がいいので手元資金は豊富であり、経営者のマインドが高まれば進んでいくと思います。どちらかというと金利政策よりも経済政策を優先すべきと思われます。

しらはせ まこと

1950年京都府生まれ。72年京都中央信用金庫入職。93年久御山支店長を皮切りに西院支店、本店営業部など7ヵ店の店舗長を歴任。08年理事、11年常務理事、13年専務理事。15年より現職。

まずお客さまを知り ニーズを収集

三宅　融資面ではメガバンクをはじめ有力地銀も多いなかで、ますます金利競争が激しいのでは。

白波瀬　都銀、地銀と同じことをやっていたのでは勝負になりません。信金の独自性を打ち出していかなければなりませんが、われわれ信用金庫というとエンドユーザーとどれだけ密接なつながりを持っているかということが生命線です。この点をしっかり高めていくことが金庫としての成長につながりますし、信金界の発展にもつながります。

倉田　就任直後の昨年12月末に「営業支援サポートチーム」を新設しましたがそういった問題意識が背景としてあるのですか。

白波瀬　私は営業店をたくさん経験していますが、信金は現場力を向上していくことが重要だと考えています。お客さまのニーズにわれわれがいかに応えていけるかということに関わってくるからです。それにはまずお客さまをよく知ることが大事です。お客さまとのコミュニケーションを密にして真のニーズをいち早く情報収集し、それに応えられるかです。融資面だけではなく個人の先にもいろいろなソリューションビジネスのチャンスが多くあります。

三宅　「チーム」の体制はどうなっているのですか。

白波瀬　18人で構成し、二つのグループに分かれ営業店を支援して成果を挙げていくという体制です。一つは、創業から成長、成熟、転廃業、M&A・事業承継といった各ステージにおいてのサポートを営業店に指導していくグループ。もう一つは、営業店がお客さまから聞いたビジネスを具体化して、必要な橋渡しを迅速に行うグループ。営業店がお客さまのニーズに応えていくため本部のスタッフがさまざまなネットワーク、官公庁や専門家などを活用し、いかにマッチングさせていくかということが大事です。

三宅　そういう機能を持ったサポートチームが新設されて、より問題解決型、提案型の営業スタイルが加速されていくのではないでしょうか。

白波瀬　これだけ金融機関の競争が激しいので金

利競争だけでなくそれ以外にお客さまの役に立つことを発掘していかなければなりません。

三宅　そうしたサポートのなかでの融資であれば金利競争にも巻き込まれませんし、きちんとした金利も取れる。

白波瀬　与信だけではなかなか利益が上がらない状況にあり、今後はM&Aなどの手数料収入にもっと力を入れていかなければなりません。これからは事業承継・M&Aは一つの大きな収益源になると捉えています。ただM&Aはなかなかすぐにできるものではありません。後継の経営者がいないという方が今後増えていく傾向にあるなか、その決断のタイミングは顧客との親交を深めるなかで分かっていかなければならないことです。

三宅　最近は地銀さんや大手信金さんから、なかなか金利収入の見通しは不透明なので役務収益を増やしたいということでM&A手数料についての相談を受けることが多いです。ほんの4、5年前までは、「お客さまのためだから手数料は二の次だ」という金融機関が多かったのですが、今では役務手数料も大事にしていきたいという考え方が増えています。

白波瀬　われわれも10社のコンサルティング会社と提携しており、お客さまに対して単に紹介するだけではなく、きちんと取決めをして手数料をいただきそれがわれわれの収入源となっていきます。

倉田　紹介するだけでは顧客との関係も深くならないでしょうから、ある程度コンサルティング会社や会計士事務所などと連携して、チームになって案件の解決に取り組んでいくというスタイルになるのですか。

白波瀬　われわれが、独自ですべてできるわけではないのでコンサルティング会社と一緒になって取り組むことが主になります。法的な事などさまざまな面で相当な注意が必要です。われわれだけで取り組むというのは、収入の率は高いだろうがリスクも大きいです。

三宅　コンサルティング業務の幅が広がっていることから、深い経験と知識が必要となってくるのですべて自前で専門家を抱えるということは難しいです。M&Aは成功ばかりではなくリスクも当然あります。素晴らしい結果になることもありますが、失敗することもあります。金融機関さんだけでリスクを全部受け止めるというのは難しいでしょう。

約3000社が事業承継に直面する

三宅　京都経済は両面性を持っている印象があります。一つは、進取の気性でベンチャーに起業していく面で、京セラさんをはじめ成功している京都発の企業がいっぱいあります。産学協働の面でもノーベル賞学者を多く輩出している京都大学があります。こうした起業精神が旺盛で、それを貴金庫が支援されていることは素晴らしいです。もう一つは、逆に歴史の長い伝統産業も多くあります。団塊の世代が67歳になり、経営者全体でも65歳以上が半分以上になってきているなかで歴史ある京都では、歴史のある企業が事業承継の時機を迎えているというところも多いのではないかと思います。

白波瀬　京都は、中小・零細企業が多く、地銀、信金との取引シェアが高いです。京都の企業にはもともと都（みやこ）のなかで切磋琢磨して技術を向上させてきた文化があり、どちらかというと間口を狭くして奥行きを深くという考えの企業が比較的多いです。

倉田　そういう企業は、事業規模の拡大や、成長を求めるというスタンスではないということですか。

白波瀬　技術はあるが規模の拡大を図らず、内容を充実させてきましたので、長く、歴史のある企業が多いということです。そのなかで経営者の交代、事業承継は必ず起きてきます。およそ2万先の取引先企業のうち、この5年、10年の間に約3000社が事業承継に直面します。

倉田　相続や後継者問題はいいのですが事業譲渡という話になるとナーバスな面があると思えます。M&Aについて金融機関として抵抗感や特に注意をする点があるのですか。

倉田 勲

白波瀬　特に京都は観光関連や伝統産業の老舗が多いです。将来性を考えるとどうしても伝統産業のM&Aというのは、よほど技術を持っていても買収する側が将来性を評価することは難しいと考えます。

三宅　京都という歴史ある地域でしかも経済圏が狭いなかでは、M&Aを上手にやっていかなければならないと思います。譲渡される側のプライドを守ってやっていきます。そのことがよいM&Aにつながっていくと思います。他の地域では、プライドの配慮に意外と無頓着にM&Aをやってしまい失敗するケースがみられます。リーディングバンクである京都中央信用金庫の理事長が自ら気を付けなければいけないという考え方を持っていることは他の信金さんに対してもよいアドバイスになるのではないかと思います。

白波瀬　京都は経済圏が比較的まとまっています。そのなかで情報の流通は早く異業種交流も盛んなので話が伝わっていきます。われわれの地域においてM&Aをやるときはとりわけ気を遣います。

三宅　M&Aの人材育成ということでは貴金庫は信金界で先駆けて当社に職員をご出向いただきました。それを見習って他の信金さんからも当社に出向されています。

倉田　日本M&Aセンター社では地銀や信金から研修生を受け入れて、M&Aの実務に即した研修をしていますが、信金と地銀からの研修生に違いは感じられますか。

三宅　今も信金の方が当社に何人か来られていますが非常にきめが細かいです。そして相手の気持がよく分かります。例えば、会社を売却する側はセンシティブな気持の変化がありますが、信金の方はコミュニケーション能力が高く、気持をやさしく受け止めることができます。最初の入り口で悩みを聞いたり、それを受け止めてソリューションを提案していくことは信金の方が向いているのではないかと思われます。普段からフェース・トゥ・フェースでお客さまと接触しているので訓練されているようです。

白波瀬　そういう意味では、割り切りというようなビジネスライクな考え方がなかなかできないかもしれません。

三宅　事業再生という話になるとまた別かもしれませんが、事業承継・M&Aに限定して言えば、割り切りよりもコミュニケーション能力のほうが大事かもしれません。課題を挙げるとしたら、マッチングをするときに、どちらかというと同地区で買われることを嫌がる傾向がある点です。そこでわれわれのような全国展開をしているような会社と提携してマッチングしていきます。

白波瀬　当金庫ではこの分野の人材育成として「事業承継・M&Aエキスパート試験」を支店長の必須受験としており、その他の職員にも受験を勧めています。資格取得して名刺に表示しておくとお客さまも安心してご相談していただけます。具体的な相談も受けられるという体制をこれから強化していきたいと思います。

三宅　お客さまにとっては誰に相談したらいいか分かりません。支店長の名刺に資格取得者と書かれていると、「この人は事業承継やM&Aが分かる」と安心して相談できます。

支店長、役席が約3000先を面談

倉田　そうした地域の特性があるなかでビジネスマッチングを実施しているのですか。

白波瀬　毎年当金庫独自でビジネスフェアを開催しています。これまでに27回開催しており、およそ1万人が来場しています。昨年もバイヤーマッチングと資材マッチング、海外のバイヤーマッチングすべて合わせて268の商談がありました。各ブースでは1894の商談が行われました。これを始めた時は少なかったのですが回を重ねるたびにビジネスマッチングも増えてきています。長く続けるということが大事です。

倉田　金融庁は事業性評価に基づく融資を強調していますが。

白波瀬　審査部担当時、支店長や役席が中心となって、約3000の主要企業先を若手職員と一緒に訪問するよう指示をしました。机上から得る情報だけに頼るのではなく、実際に面談して情報を得ることの大切さに焦点をあてました。経営者や次期後継者から経営理念や方針などいろいろな話を伺うことが顧客を知ることにつながります。適切な事業性評価を行うことが重要視されている

三宅 卓

今の時代、こういった地道な活動をコツコツと行うことがお取引先と永続的なお付き合いをしていく条件となります。

目的は、報告や概況表の整備ではありません。経営者の生の声を聞き、企業実態をつかみ、経営課題を共有することに始まり、そのお客さまがどのような方向に向かっていくのかを把握し、適切な金融支援や事業支援を行えるようなコンサルティング機能を発揮することが肝要です。伺った話をヒアリングシートに落とし込み、定量分析では出てこない企業の将来性を見いだして、適切な企業評価を行っていく、こういう仕事が若手職員の目利き力向上やソリューションビジネスへとつながっていくと確信しています。現場教育を行うとともに、お客さまに対しても適切な事業性評価に基づいたスタンスで、ニーズに応えていくことが重要です。

三宅　そういうことで多くの会社をみているというところに、貴金庫の強さの秘訣を感じました。京都はある意味、最も金融機関の競争の激しいところといえます。そのなかで日本最大の信金としてのポジションを維持し、なお成長を続けている根拠は、ちゃんと会社をみて、経営者と面談をして判断するという姿勢にあるのでしょう。貴金庫が他の金融機関と差別化できてそれが信金らしさの強みになっているということがよく分かりました。

常陽銀行・頭取
寺門一義 氏

週刊金融財政事情
2016年8月8日・15日合併号掲載

「協創力の発揮」で地域経済のポジティブ・スパイラルへ働きかける——寺門

企業経営者と本音で議論できる風土は画期的だ——三宅

［ゲスト］
寺門一義 氏
常陽銀行
頭取

三宅卓 氏
株式会社日本M&Aセンター 社長

［コーディネーター］
倉田勲 氏
一般社団法人金融財政事情研究会 理事長代行

地元経済は堅調だが、マイナス金利の影響は大きい

倉田　茨城県の経済動向について現状を伺いたいと思います。

寺門　常陽地域研究センターが四半期ごとに取引先企業約400社を対象に景況のアンケート調査を行っています。緩やかな回復基調は継続しているが少し停滞感が出ています。1～3月期の業況判断DIは昨年10～12月期よりマイナス幅が大きく、売上・収益とも低下傾向です。

しかし、茨城県には日立、鹿島などの産業集積や、研究学園都市つくばがあります。製造品出荷額は全国第8位で、「ものづくり大県」を自負しています。16年度中に圏央道が県内全線開通の予定で県南や県西への企業進出が活発になっています。流通業による倉庫の建設需要も高まっており、設備投資計画は落ち込んでいません。有効求人倍率は県内1・2を超える水準で、製造業・非製造業とも人手不足状態です。賃上げについては5割近い企業が前向き回答です。

倉田　マイナス金利政策の影響は具体的にどのような形で表れていますか。16年度は通期にわたって影響を受けることが見込まれますが、その見通しは。

寺門　マイナス金利政策で貸出金利の引下げを余儀なくされることにより、16年度はコア業務純益が3％程度減少する見込みです。流動性預金の金利引下げのため影響が緩和されていますが、17年

※鼎談者の肩書および記事内容は掲載当時のものです。

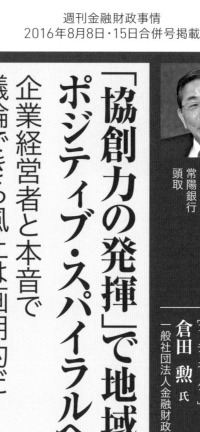

てらかど かずよし

1952年茨城県生まれ。74年常陽銀行入行。94年審議室審議役、96年多賀支店長、02年経営企画部長、翌03年執行役員経営企画部長、05年常務取締役、09年専務取締役、11年6月から現職。本年10月めぶきフィナンシャルグループ社長に就任予定。

度はいっそう影響が大きくなります。また、日銀による当座預金残高の金利のマイナス幅は0・1%が継続するという前提で考えていますが、それが拡大するようなことになると想定が崩れます。貸出構造やコスト構造の見直し、資金利益に頼らない収入構造の構築、有価証券のポートフォリオ・リバランスを進めていきます。

四つの事業創造と総合金融サービスの提供

倉田　貴行は新たな成長に向けた戦略として「運用・調達・決済機能を有する総合金融サービス」を競争力の源泉と位置づけています。

寺門　銀行の本来業務である預金・貸出・為替は分岐点に立っています。従来の銀行の視点では地域や顧客の課題解決をするのは限界ということです。経済活動において調達・運用・決済等の機能は必要ですが、これからは顧客の視点でこれらの機能に創造性を付加し、加えてITを活用して生産性向上を支援できるような総合金融サービスを実現することが大きな課題となります。

今年度が最終年度となる12次中計の中核理念は「協創力の発揮」です。顧客や地域と共に価値ある金融サービスを創造し続け地域の成長を支援し、われわれも成長の果実を享受します。高齢化、人口減少、経済のグローバル化で、国内の経済活動が空洞化しつつあるなかで地域の人口や生産活動が流出していくネガティブ・スパイラルに陥らないよう、われわれとしては四つの事業創造に取り組むことによって地域経済のポジティブ・スパイラルに向けて働きかけでいきたいです。四つの事業創造とは、「課題提起」、「ネットワーク構築」、「情報開発」、「知見活用」という分類です。これらの課題に取り組むとともに、当行グループの総合金融サービスの提供機会を創出していきたいと考えています。

こうした協創力の発揮による地方創生への取組みを具体的に展開していくために、14年4月に「地域協創部」を立ち上げました。「まち・ひと・しごと創生総合戦略」に沿って、地域の仕事を活性化させ、人に働く場を提供し、まちづくりを推進する役割を果たしていきたいと思います。

倉田　事業性評価に基づく融資の取組みはどのように進めていますか。

寺門　15年度から法人営業のあり方を大きく転換しました。これまでは顧客との接点の数を増やしていく「アクション10PLUS$^+$運動」に取り組んでおり、1日に10件の顧客を訪問して営業の切り口を見いだすことを目標としていました。これからは渉外活動の質を一段とレベルアップさせます。昨年から、取引先企業の上位430先の事業性評価シートを作り上げました。そのうちまず80社について「われわれが考える御社の経営課題」をディスカッションペーパーにまとめ、支店長が企業経営者と議論を行っています。事業承継の問題、経営者個人の資産承継の問題、技術力、販路拡大の実現などがテーマになります。さらに事業性評価シートの簡易版の対象となる企業を1万3000社リストアップしています。

三宅 利益相反などのセンシティブな面もあって本音で顧客と話せないのが一般的な地銀にあって、そのように問題点を議論できるのは画期的です。

倉田 金融庁の問題意識も同じで、企業経営者と銀行が深い話をできていないという指摘もありますが、事業性評価を本気でやっている銀行では結果が出始めています。顧客と密接な関係を持ちアドバイスを行っていくという付加価値を提供することで、貸出や商品販売以外での収益機会を期待できるでしょう。これをどのように実現していきますか。

寺門 取引先企業の成長のために役立つ提案を行っていきたいです。貸出だけでなく、経理事務の合理化のためのインターネットバンキングの導入、デリバティブ等によるリスクヘッジ、従業員の福利厚生のための金融サービスもあると思います。貸出のボリューム中心の考え方から金融サービスを提供するという考え方に転換すれば提案の幅が広がります。その結果、資金利益以外の分野の収益が増加することに大きく期待しています。決算と併せて発表した16年度業績予想では、役務取引等利益の予想を前年比25億円増としました。内訳は預り資産手数料が15億円、法人役務収益が10億円です。

現実には「お宅は金融サービスが素晴らしいので金利水準は高くても構わない」と言われることはごくまれにしかありません。収益基盤を整え、競争している他の金融機関と遜色ない金利を提示した上で付加価値を提供することで初めて金融サービスの幅が広がります。

倉田 勲

事業・資産承継のための人員を増強してニーズに対応

三宅 全国的に事業承継問題が深刻です。全国平均では廃業が起業の2・8倍ですが、4～5倍になっている県も多いです。会社がなくなり、雇用が喪失されると地方創生は実現できないので事業承継は重要な課題になりますがどう対処しているのですか。

寺門 経営者の平均年齢は70歳近くで、企業の経営課題をヒアリングするなかでも事業承継・資産承継に対するニーズは極めて高いので担当の人員を増強し、顧客のニーズに対して迅速に対応する体制を整備しました。結果として、前向きな新陳代謝が活発に行われていると思います。

三宅 当社と金融財政事情研究会が共同実施している「事業承継・M&Aエキスパート資格」は地銀界で支持を得ており、全国に9000人強の保有者がいます。貴行ではどのように行員を育成しているのですか。

寺門 金融サービス業のマーケティングが通常の業種と違うのは、「サービスを提供する人間のスキル・ノウハウがどう顧客から評価されるか」が重要だということです。いわゆる4Pに「誰が提供するのか」という「パーソン」のPが入って五つのPになります。

12次中計でスキル認定制度をスタートさせました。顧客のニーズに応えるために必要なスキルを七つ挙げ、カテゴリー化しました。各カテゴリーで「オフィサー」は誰もがとらなければならないレベルです。上位の「マイスター」「エキスパート」

は1000人を養成します。

さらに、「個人営業プロフェッショナル」「法人営業プロフェッショナル」の制度を実施しています。中計が終了する今年度末までに各200人が目標です。資格試験の合格などを要件としています。「勘と経験と度胸と出たとこ勝負」(笑)は過去のものであり、スキルやノウハウを身に付けないと良質なサービスが提供できません。

倉田 それを支援する組織体制はどうなっていますか。

寺門 地域協創部が中期的な時間軸で顧客に金融機能を提供する一方、営業推進部が日常的にレベルの高い相談機能を提供しています。総合金融サービス室、資産運用推進室、法人営業グループなど、FA機能を持っています。営業店にもFAを駐在させており、顧客の日常的なニーズにアンテナを張り、高いレベルで相談に応じることができます。

三宅 事業承継問題に対応するためのM&Aや、成長戦略を実現するためのM&Aが解決策として考えられる場合も多いです。実際に取引先企業に対する提案はどのように行っていますか。

寺門 1次提案、2次提案(個別提案)という2階層のフェーズに切り分けて提案を行っています。1次提案では決算内容を分析して自社株の評価(試算)をし、顧客に課題を認識してもらいます。2次提案は個社別に事業承継を進めるためのスキームを提案しています。15年度は1次提案を約400件、2次提案を約550件実施しました。計1000件弱の提案活動です。一昨年と比較して400件ほど増えました。ここからどう提案したスキームをつなげていくかが課題です。

昨年も一昨年も4件のM&Aの成約がありました。徐々にそういった成果に結び付いていくと思います。M&A以外にも、事業承継に向けた自社株の買取り資金の融資は昨年度40件を超えました。退職金を事前に備えるための保険契約は100件近いです。後継者がいる場合、経営者への退職金支払により自社株の評価が下がるケースがありますので、そのタイミングで後継者への自社株の承継もあわせて行う先は多いです。

三宅 卓

三宅 事業承継の問題でM&Aが必要になったとき、優秀な人材と多くの情報があればよいマッチングができます。そのために当社では地銀からの出向者を常時20人程度受け入れ、プロフェッショナルとして養成しています。全国規模のネットワークも構築できます。

寺門 当行の行員は約3800人で、総合職は約2200人(直近5月末時点)。そのうち1%は常時、銀行の外に学びの場を持っている状態を維持したいです。そのためには外部の力も借りていきたいと思います。

足利ホールディングスとの経営統合で情報の拡充が最大のメリット

三宅 貴行と経営統合する足利銀行様は、当社が主催する全国金融M&A研究会におけるバンクオブザイヤー表彰式で授賞するなど実績をあげておられます。貴行もこの分野での行員のレベルアップが進んでおり体制が整っているのでどのような相乗効果が出てくるか注目していますが。

寺門 統合によっては拠点数は海外の駐在員事務所を合わせ336になります。これまでの倍近いネットワークによって顧客の利便性が向上することは間違いありません。メイン取引の法人事業者は現在1万6000社で、これも統合で倍になります。M&Aのマッチングにも活用できる情報の拡充が最大のメリットです。

倉田　10月の「めぶきFG」発足に向け、どのように準備を進めていますか。

寺門　4月25日発表した経営理念や基本戦略に沿って発足時から全力で動くための準備を実務ベースで詰めています。

基本戦略は五つあります。一つは「エリア・チャンネルの拡充」です。店舗やメイン取引先のネットワーク倍増で何が提供できるかを検討しています。5年間で15カ店舗を予定している新規店舗のロケーションや機能も早い段階で決定したいです。二つは「総合金融サービスの拡充」です。これまで当行グループが力を入れてきた証券やリースといった機能を足利銀行のお客さまにも提供します。銀行法改正やフィンテックの動向にも対応し、金融サービスの幅を広げていきます。三つは「オペレーションの革新」。システム統合を含め、スケールメリットをどこまで発揮できるかがポイントになります。四つは「新金融グループの経営管理態勢の構築」です。

そして、これらにより営業力強化、生産性向上を実現し、統合理念の眼目といえる戦略として「地域創生への創意結集」を目指します。具体的な創造性あふれる協働施策の展開をどれだけできるかが新グループの真価として問われるでしょう。心して取り組んでいきたいと思います。

群馬銀行・頭取
齋藤一雄 氏

週刊金融財政事情
2016年10月24日・31日合併号掲載

［ゲスト］
群馬銀行
頭取
齋藤一雄 氏

株式会社日本M&Aセンター 社長
三宅 卓 氏

［コーディネーター］
一般社団法人金融財政事情研究会 理事長代行
倉田 勲 氏

後継者不在企業のM&A支援はやりがいのある分野だ——齋藤

ソリューション営業や手数料ビジネス強化の決断は大きい——三宅

M&A表彰で4年連続の受賞

倉田　全国金融M&A研究会が実施している「バンクオブザイヤー表彰」で、貴行は2013年の第1回から4年連続の受賞となりました。

齋藤　メディアで大きく報道されて、全国から反響がありました。懸命に努力した結果を外部機関から評価していただけると担当者の励みになりますし、銀行にとっても名誉なことです。

倉田　主催者の日本M&Aセンターでは群馬銀行のどのような点を評価しているのですか。

三宅　第1回は情報開発によるM&A業務の活性化に着目した「ベストプランニング賞」、2年目は大幅な実績増加を評価する「アクティベーション賞」、3年目は全提携行で最も活躍した担当者とその担当者を輩出した銀行に授与される「バンカーオブザイヤー」、そして今回は優れた事例を評価する「ディールオブザイヤー」を授与させていただきました。銀行内のレベルが上がり、M&Aの取組みが根付いてきた結果として、毎年受賞対象として成果を出し続けていることがうかがえます。トップがソリューション営業や手数料ビジネス強化へかじを切る決断をされた点も非常に大きいです。

齋藤　今年6月にコンサルティング営業部を立ち上げ、法人コンサルティング室、個人コンサルティング室、地域創生室に合計80人の行員を配置しました。M&Aは法人コンサルティング室が担当

※鼎談者の肩書および記事内容は掲載当時のものです。

しています。

人材育成が銀行の一番の生命線だと思っており、日本M&Aセンターに研修要員を受け入れてもらっています。6カ月間の派遣は現在4人目で、3、4日の短期の派遣には6人を送り出しました。今後、派遣の人選を指名制から公募制に変更し、志願者の意欲や業績などを基に選んでいきます。

日本M&Aセンターと金融財政事情研究会が共催している検定試験「事業承継・M&Aエキスパート」についても人事部から積極的に受験を呼びかけ、昨年度は40人が合格しました。今年度は200人近くが受験します。M&Aについて行員が関心を高め、ベーシックな知識を取得していくことを期待しています。

さいとう かずお

1949年群馬県生まれ。72年群馬銀行入行。95年太田西支店長、01年秘書室長、03年東京支店長、04年執行役員審査部長、05年取締役兼執行役員審査部長、06年常務取締役審査部長、07年常務取締役、09年専務取締役、11年6月から現職。

産業基盤は強固だが 後継者不足は大きな課題

倉田　群馬県経済の現状について伺いたいと思います。

齋藤　かつては日本を支えていた自動車と家電製品という二つの産業が群馬県の主要産業でもありました。現在は製造品出荷額8兆円弱のうち3分の1が輸送用機械関連産業です。富士重工の本社が太田市内にあり、同社から受注する大半のTier1企業が県内に所在しています。足もとは円高にふれていますが、一時期は1ドル80円という超円高の厳しい状況下で収益構造を転換したのでまだ十分やっていけます。その他の輸出関連も好調です。

その結果、当行の貸出も伸びています。運転資金よりも長期の設備資金の伸び率が高いです。輸送用機械関連の企業が増産に対応するための設備投資です。全国のなかでも景況感は悪くない地域の一つでしょう。

倉田　取引先の中小企業はどのような課題を抱えていますか。

齋藤　小売業やカラオケ店など、全国展開・海外展開している企業が多いこともあり、有効求人倍率は1・4倍と高くなっています。人口構成の変化や人口減少もあり、基本的には人手不足の状況といえます。ただし、正社員に限れば0・9倍だからパートや短期雇用が増えているということです。人手不足であっても正社員は採用しにくいよ

倉田 勲

うです。

　後継者不足も大きな課題の一つです。群馬県内でも事業所の60％以上が後継者不在の状況で、経営者にとっては最大の問題といえます。雇用確保のためにも事業の継続が重要です。

倉田　事業所数の動向はどうですか。

齋藤　5年前は10万の事業所がありましたが、7％減少しました。後継者難で廃業せざるを得なかったり、大手企業による買収の対象になったりしています。一方、高齢化時代を反映して医療・介護関連では事業所の数が増えています。

三宅　群馬県は産業が充実し、道路網や新幹線が整備されて東京に近いため大きな可能性を秘めている一方、若い人の人口流出による高齢化も進んでいるのが特徴です。

取引先企業を徹底的に支援し倒産を防ぐ

三宅　帝国データバンクの調査では、全国平均で休廃業件数は倒産件数の2・81倍です。それに対して群馬県は関東の1都6県でワーストの5・26倍。休廃業につながる深刻な後継者問題も大きな要因と考えられます。しかし倒産件数をみますと、全国で年間9000件程度であるのに対し、県内はわずか年間101件です。

齋藤　県内の開業率は5％台と全国平均より高く、それに対して廃業率は3％台と低いです。廃業が少ないことで、倒産の割合も小さくなっています。

　企業には雇用創出などの社会的役割があります。県内の各金融機関は、取引先企業を徹底的に支援して倒産を防いでいます。スポンサーを紹介し、事業が成り立つのであれば債権放棄を含めた金融支援もいといません。多数の従業員を抱えた大型の再生案件もあります。

三宅　県内の経済活性化や雇用確保を実現するためには貴行の施策が非常に重要です。成果が出ているのは事業性評価が現場で実践できているということでしょう。

齋藤　再生できるかどうかの判断は究極の事業性評価といえます。ただし、倒産を回避する場合も、経営責任や株主責任の問題は避けて通れません。特に経営者は事業に失敗したのだからペナルティーなしで再生というわけにはいきません。スポンサーから新しい経営者を送りこんでもらうこともあります。

倉田　日本M&Aセンターでは、企業支援のポイントをどう考えていますか。

三宅　M&Aのなかでも後継者不在型と再生型では取組み内容もメンタリティーも違います。後継者不在型の場合成長戦略を描いて優良企業の傘下に入れれば、事業承継をトリガーにして事業を発展させることができます。結婚相手を探すようなものので、買い手も売り手もハッピーなM&Aだから気持は楽です。マッチングによる相性だけの問題といえます。

　一方、当社では再生に伴うM&A案件も多く扱っています。その場合、金融機関、再生企業の経営者、仕入先などの取引先、スポンサー企業といったすべての関係者に損失が生じうるため調整が難しいです。経営不振が続いた企業では粉飾を重ねた結果、正確な財務諸表が存在しないことがありますので、買収監査にも手間がかかります。手数料収入もほとんど期待できません。しかし、地元でどうしても必要な企業の存続のためには当社も協力を惜しみません。例えば医療関係の企業では、

三宅 卓

たとえ債権額が大きくても痛みを覚悟して地域医療の崩壊を防がなければならないことがあります。

倉田　マクロ経済的にみますと、いわゆるゾンビ企業の存在が中小企業の生産性を低くしている原因の一つとも指摘されていますが。

齋藤　当局は、必要に応じて取引先企業の事業をクロージングに導くことも求めているようです。そのような場合、事業拡大を狙う企業によるM&Aが地域経済の発展に資するケースもあり、これも一つのクロージングと考えています。

三宅　そうした影響を数値化するため、当社は矢野経済研究所とM&Aの経済効果について研究しています。衰退企業でも、経営者の高齢化が進んでいる企業でも、企業の破綻は地域にとって大きな損失です。雇用も失われます。その場合のマイナスの影響と、企業を破綻させず優良企業の傘下で事業を拡大し、給与や仕入れの増加などにつなげた場合のプラスの影響との差は大きいです。

金利引下げに頼らない地元外の中小企業向け貸出

倉田　マイナス金利政策の影響か、貴行の16年3月期決算では貸出金利回りが前期比0・09ポイント低下しています。

齋藤　異次元緩和により年々貸出金利が下がるのに対し、預金金利は下げ止まりの状況です。その結果、利ザヤは縮小しています。ただ、貸出金利の低下幅は昨年度の11bpから今年度は7bpとなり、底を打ったとまではいえませんが縮小しています。他方、貸出金残高の増加率は4%です。その増加分で利ザヤの縮小を一部カバーしています。大企業や地方公共団体向けは減少していますが、中小企業向けが前期比7%、個人向けが6%増加しています。特にカードローンやマイカーローン、学資ローンといった無担保消費者ローンは毎年20%前後の伸びを示しています。

倉田　地域別の中小企業向け貸出利回りをみますと、群馬県内よりも、京浜地区が0・11ポイント高くなっている点は興味深いです。

齋藤　個人向けの貸出では金利競争が避けられませんが、中小企業向けの貸出であれば情報提供などが決め手になり得ます。また、地元外に落下傘で出店してもうまくいかないでしょうが、当行が出店しているのは何年も営業を行っている既存店舗の周辺で、成長の余地があるエリアばかりです。たとえ競合する金融機関の数が多くても、周辺の事業所数や人口がそれ以上に多ければ必ずしも激戦区にはなりません。

三宅　県内は独占的な市場だから高い金利を提示し、県外では金利をダンピングして貸出を伸ばしているという指摘が貴行には該当しないことは数字が示しているわけです。一方、マイナス金利政策の下、銀行経営はフィービジネスに力を注ぎ、収益を上げていくことも求められています。

倉田　貴行の法人役務収益は10億円。内訳をみますと、M&Aの手数料による収益が13年3月期から16年3月期にかけて大幅に増加し1・6億円に達しています。

齋藤　利ザヤが縮小するなかで収益を上げていくため手数料収入も重視しています。とはいえ、送金など基盤役務手数料を拡大するためには店舗網の拡大やITの活用が重要になるので実現には時間がかかります。預り資産の販売手数料は金額が大きいですが、投信も保険も市場環境や金利動向に左右されます。

一方でM&Aの視点で考えますと、先述のとおり、後継者不在の企業が多いという状況があります。そういった企業を買収して事業を拡大したり新事業に参入したりすれば買収先のノウハウや人材を活用した迅速な成長が期待できます。銀行としてこうした方法で取引先支援を行えば、顧客と親密な関係が構築できて他の取引にもつながりますし、手数料などの収益も上げられます。努力のしがいがある分野です。

倉田　M&Aの取組みに関する今後の見通しや目標は。

齋藤　収益目標を設定するよりは持ち込まれる案件の増加に注力したいと考えています。現在も年間100件以上の案件がありますが、それを何倍にも増やしていくことで結果として成約案件も増えるはずです。実際には10～15件の案件情報があっても受託できるのは3件程度で、成約は1件ということもあります。成約案件だけを狙って拾い上げることはできないのですからまずは情報の裾野を広げることが大切です。

三宅　貴行は人材育成に加えて、行内での情報開発がうまくいっていると思います。また、M&Aはマッチングが重要ですので、当社の持つ全国の情報を活用していただいています。今後も役務取引収益をさらに増やしていくことができるでしょう。2、3年後はさらに期待できます。

新中計の基本コンセプトは「価値ある提案」

倉田　金融庁は地域金融機関に事業性評価やコンサルティング能力の向上を求めています。

齋藤　今年4月にスタートした新中計の基本コンセプトとして、「価値ある提案」を掲げています。顧客企業が将来にわたって成長できるよう早期の課題解決に導くことが必要です。そのために、原点に立ち返って事業性評価に取り組んでいきます。当行では中計期間の3年間で1000社の事業性評価シートを作成します。まずは各営業店で1社ずつ経営者と膝を突き合わせて議論し、課題とその解決策をまとめていきます。

考えられる解決策はM&Aのほかにもさまざまです。海外のマーケットを目指す場合は当行の海外拠点が役立ちます。地銀で3行しか出していないニューヨーク支店は情報収集の面での役割も大きいです。今年8月5日にはバンコクに駐在員事務所を開設しました。

ビジネスマッチングが有効なケースもあります。県内の取引先企業の目線は東京を向いており、当行の京浜地区への店舗展開は情報のネットワーク拡大にも寄与しています。

倉田　北関東でも「めぶきFG」（常陽銀行・足利HD）がこの10月に発足するなど、各地で地銀の連携が進んでいますが。

齋藤　横浜銀行さんなどが設立したスカイオーシャン・アセットマネジメントへの出資など、必要な連携は柔軟に行っていきたいと思います。情報が多いほど効果が高まるビジネスマッチングなどについては「めぶきFG」との協業も含めて柔軟に考えています。

城南信用金庫・理事長
守田正夫 氏

週刊金融財政事情
2017年3月6日号掲載

金融機関の枠を超えた〝お客さま支援企業〟を目指す——守田

後継者対策に多様な選択肢を用意し支援する体制を——三宅

［ゲスト］
城南信用金庫
理事長
守田正夫 氏

株式会社日本M&Aセンター 社長
三宅 卓 氏

［コーディネーター］
一般社団法人金融財政事情研究会 理事長代行
倉田 勲 氏

事業所数が半減するという状況で

倉田　城南信用金庫さんの営業基盤は大田区を拠点とした京浜工業地帯という産業の大集積地ですが、取引先中小企業の最近の景況感はどうですか。

守田　安倍政権の初期はアベノミクスで日本経済が円安・株高になって、企業業績がよくなってきたという部分はあったかもしれませんが、これは輸出関連の大手企業が中心で、なかなか中小企業の皆さんのところまでは届いていなかったという感じで政策の効果はまだまだという印象です。

直近2016年7〜9月の業況判断のDIはその前の期よりもやはり悪くなっています。不動産業も含め建設以外の業種でマイナスになっています。全体でも0・2ポイント程度悪くなっているという傾向で、中小企業の皆さんはまだ厳しい状況にあります。

長期的にみた構造的な問題としても大田区の事業所数はひところに比べて半分以下になっているというのが実情です。

倉田　事業所数が半減している主な要因は何ですか。

守田　大田区では工場などが住宅地に変わってきているという要因があります。昔の工場が立ち退き、跡地が有効活用されてマンションが建って事業所が減っています。昔からある工場が残っていても住宅地が増えていくと近隣の住民の方々からいろいろとクレームが出たりということもあって

※鼎談者の肩書および記事内容は掲載当時のものです。

もりた まさお

1956年東京都生まれ。明治大学商学部卒。80年城南信用金庫入職。13年理事・融資部長、14年業務部長（現・お客様応援部）、2015年理事長就任。

気を遣いながら存続しているという状況もあります。

倉田　廃業に至るケースも多いですか。

守田　廃業のほうが多いと思います。ただ、土地の一部を売却してそこを何かに活用したり、廃業後自分たちで建物を建てて賃貸マンションやアパートを経営するというように、事業所といっても工場などの製造業が業態を変えるというところもあります。

「なんでも相談プラザ」で さまざまな課題に対応

三宅　そうした状況下で、取引先経営者の悩み事として大きいことは。

守田　あらゆることが課題としてあると思いますが、一番気にされているのが販路の拡大、売上増加です。われわれは去年6月に、本店の3階に「なんでも相談プラザ」という部署をつくりました。その「なんでも」は本当になんでもいいということで、金融機関の枠を超えた「お客さま応援企業」を目指しています。いろいろな相談がありますが、販路拡大、売上増加、技術改善、事業承継、個人であれば相続・贈与などに対応します。これまでも相談機能はありましたが、金庫全体として組織立って対応できていませんでした。それをワンストップでやっていこうということで「プラザ」をつくりました。

　そこには30人ぐらいスタッフがいます。ただ、われわれの職員だけでは対応できませんので、いろいろなところと連携・提携しながら、時には専門家の方も交えていろいろな相談に乗っていきます。開設以来2000件ほど相談をいただいています。支店の職員に対しても、専門的な相談については「プラザ」に取り次ぐことにしています。

倉田　外部の専門家と連携してとのことですが、具体的にはどういう専門分野なのですか。

守田　税理士、会計士、弁護士、不動産関係、中小企業診断士、日本M&Aセンターさんなど。また、ホームページを作るとか、IT関連の投資をしていくといったときにはわれわれだけでは分からない部分があるためITコーディネーターもいます。

　加えてわれわれ独自にお願いしているのは、大手製造業を退職された方に「ものづくりコンシェルジュ」として嘱託で来ていただいています。技術的見識を持つ方に取引先の中小企業に行ってもらい、アドバイスをしていただいています。お客さまは自分のところでやっていることがどれほど価値があるかが分からない場合があります。例えば、材料を納入するときにサービスのつもりである程度切断して納めているとしたら、ほかのところはやっていないので加工賃が取れる、といったアドバイスもしていただけるような方がおり、お客さまには非常に喜んでいただいています。

　ビジネスマッチングなどのフェアのときに、その前に「こことここがうまくマッチングできたらいいことができるんじゃないか」とか、いろいろなヒントを出しながらやっていったりしています。

倉田　なかには、いわゆる事業再生に取り組むケースもあります。

守田　事業再生というか、いろいろな課題を解決していくことは要は本業支援の延長だと思います。例えばメーカーであれば、いま言ったような「ものづくりコンシェルジュ」、例えば空き室問題であれば職員のOBに「不動産コンシェルジュ」になってもらって、そういう問題を得意としている不動産業者と一緒になって対応しています。

　再生そのものはいろいろなケースがあって一律ではありません。再生計画をつくってそれをフォローしていくという先もいくつかあり、それも「なんでも相談プラザ」で対応しています。

　「プラザ」は、もともとは企業経営サポート部で再生を支援していく部署でしたが、今は「プラザ」にいろいろ関連する業務を集約しています。

「同業種交流会」で地域の地盤沈下を支える

三宅　貴金庫では「同業種交流会」を主宰しておられますが、異業種交流会はあっても同業種というのは珍しいのでは。

守田　今までは、同業者はある意味ライバルのようなものでお互いに情報公開しないということもあったかもしれません。しかし、大田区の事業所数がひところに比べて半減しているという状況のなかで、同業種同士で協力し合いながらやっていかなければ、大田区・京浜工業地帯全体の地域そのものの力がどんどん落ちていくという危機感から始めた取組みです。

　今回で4回目になりますがお客さまからはご好評をいただいています。同業者同士でも、近隣にいて他社の存在を認識していてもどういうことをやっているのか細かいところまでは分かりません。補完関係にあるかもしれませんし、大きな受注があったときには協力していくなどいろいろな形がとれるのではないかと思っています。

倉田 勲

倉田　具体的にはどのような業種が対象となっているのですか。

守田　プレス、プラスチック成形加工とか建設など地域を代表するような業種で始めています。

三宅　M&Aの立場からみたら同業者だけれどもちょっとだけ違うという「隣接業種」が提携する組み合わせとしては非常に効果的です。同業種でも少しずつ違うわけで、そういう企業同士が交流してうまくこの地区のなかで助け合うというのは素晴らしい発想です。

「事業承継」の前に本業支援の先も多い

倉田　事業承継やM&Aに対する取組みは。

守田　事業承継やM&Aの課題認識を持って実際にやっているケースもあります。ただ、現実として本来小規模事業者に対してどのようにやっていくべきかはまだ試行錯誤しています。何とか事業を継続していただきたいと思っていてもそれがどういう形でできるのか、そう考えますと、事業承継の前の段階で本業の支援しかないという考えがあります。

　実際に債務超過の場合、営業資産ではみえない資産もあるかもしれませんが、ボリューム的に小さいお客さまに対してどういう形で事業を継続してもらうかということでは、事業承継の手前の段階で本業を支援していくという先もたくさんあります。

三宅　10年前までは「後継者がいない」と言われたら、当社も提供できるサービスが限られていましたので、事業承継の選択肢としてM&Aを勧めました。

だが今はまったく違った考え方をしています。

まずはシナリオをいくつも考えます。例えば二代目がいるけれども頼りなくて後継者たり得ないということであれば、その二代目を育てるためのプログラムを作っていきます。例えば息子が帰ってきてくれないということだとすると、帰ってこない理由の大半は会社が右肩下がりで夢がないからです。会社に帰ってきて連帯保証を引き継いだら大変な目に遭うことは賢い息子は分かっています。そこでは本業支援をしていって、魅力のある会社にしていき事業計画もきちんとしたものを作るということであれば、息子も「これなら安心だ」ということで帰ってくることができます。

ターニングポイントに立ったときにいくつも選択肢が描けますので、シナリオを三つ、四つ提示して、それに対する支援を全てできるような体制をつくっていくということは金融機関として大切だと思います。

その意味で「なんでも相談プラザ」の果たす役割が大きいはずです。

そのなかに、例えばM&A部隊もいて、いろいろなことが提案できるというのがいいのではないでしょうか。いま、地銀も信金もほとんどのところがM&A部隊だけを単独で設けています。そうなると業績を上げなければいけないため後継者不在企業や先行き不安企業に対しては、すぐにM&Aの提案となってしまいますが、金融機関としてはもう少し総合的なソリューションというか、コンサルティングができるはず。そういう時代に来つつあるのではないでしょうか。

取引先とのつながりを強め事業所減を食い止める

倉田　中小企業庁のアンケート調査では、70～80歳台の経営者の半数以上が事業承継の準備が終わっていないという回答をしています。

三宅 卓

守田　現実にお客さまのところに行ってもそうおっしゃる方もいらっしゃいます。われわれは地域をなんとか活性化していく、そのためには事業所数の減少をなんとか食い止めなければならないと思っています。東京は恵まれた地域で人口はどんどん増えますが、あと10年すれば減少に向かっていきます。そういうことを考えても、やはり事業所数を維持して活力ある地域経済にしなければなりません。「同業種交流会」もそうですが、いろいろなところで事業承継を行うにあたってのつながりをもっと強めていくということも大切だと思っています。

三宅　今、後継者がいない会社はスタンダードともいえます。3社に2社は後継者がいません。それは地方で特徴的なのかというと実は都会でも深刻です。神奈川県は73%の企業で後継者がいないという状況で全国ワースト6位です。

それから就業人口が激減して人が採用できません。大企業はまだ採用できますが中小企業のほうから採用できなくなっていきますので、いま運送会社や製造業には人が来ないという状況になってきています。

この後継者不在と人が採用できないという二つの理由で廃業が多いのです。全国で年間約3万社が廃業、約1万社が倒産しています。また、製造業の大手は海外にどんどん軸足を移してきていますので、これからこの地区はM&Aが増えていくのではないでしょうか。

当社も本当に小さい企業、社員が5人とか年商が7000万円といったところに関しては通常のM&A手数料では対応できません。

アメリカではそのクラスのM&Aを行うプレーヤーが全米で5000人います。これはM&Aとは呼ばずに「ビズ・バイ・セル（Biz-Buy-sell）」という言い方をしています。ビジネスを買ったり・売ったりするということです。われわれも3年前からそれを始めました。正規の料金の5分の1ぐらいの値段でインターネットを使って全国でマッチングします。例えば医師1人とアシスタント1人でやっている歯医者さんや、フラワーショップなどのM&Aを扱っています。

このネットでのマッチングは信用金庫からの人気が高まっています。案件情報も集まっており、成約もうなぎ上りです。来期はこれを独立した会社にしようとしています。

資金収益+役務収益で体力をつけてこそ

倉田　貸出金利の低下に加えマイナス金利政策もあり、金融機関の収益環境は減益が拡大するなどかつてなく、非常に厳しくなっています。そうしたなかで、M&Aなどの役務収益についての今後の位置づけはどう考えておられますか。

守田　中小企業がいかに稼ぐ力をつけていくかは、やはり設備投資に目を向けなければいけません。中小企業白書によれば、IT投資などを行う企業の収益率は高いです。今は資金需要がないなかでいかに前向きな資金需要を掘り起こし、融資を強化していくかです。

役務収益もサービスへの対価として適正なものをいただくことは大切になってきます。金融機関の枠を超えたお客さま応援企業を目指していこうと、社会貢献もいろいろな形でやっています。それは片手間でやっているわけではなく、それも本業だと思って取り組んでいます。

しかし、やはり金庫の体力がなければ続きません。そのためには貸出金も増強していきますし、手数料収入・役務収益の拡大にも取り込んでいきます。収益ありきではなく、その先にあるものをみながら体力は付けていかなければいけないと職員にも話しています。

TOP鼎談［14］

浜松信用金庫・理事長
御室健一郎 氏

週刊金融財政事情
2017年5月1日・8日合併号掲載

［ゲスト］
浜松信用金庫
理事長
御室健一郎 氏

株式会社日本M&Aセンター 社長
三宅 卓 氏

［コーディネーター］
一般社団法人金融財政事情研究会 理事長代行
倉田 勲 氏

件数ノルマを撤廃し取引先支援状況に重点——御室

意識改革と体制づくりでM&A実績全国信金No.1に——三宅

輸送機器関連産業の有数の集積地

倉田　まずご当地の話題として、1月から始まったNHK大河ドラマ「おんな城主 直虎」は浜松を主な舞台としていますが、その経済効果はいかがですか。

御室　確かに明るい話題として「直虎」の効果等で当地域への観光客が増加しており、ホテル・旅館・飲食等の観光関連のサービス業および卸・小売関連の各産業に一定程度のプラス効果が期待できます。

倉田　貴金庫の営業エリアの産業構造の特徴と最近の景況感についてはどうみていますか。

御室　当金庫が主要な営業エリアとする浜松市を中心とした静岡県西部地域は、わが国有数の二輪車・四輪車をはじめとする輸送機器関連産業の集積地となっています。特に本店を置く浜松市では、製造品出荷額の約4割を占める幅広い裾野を持つ地域の基幹産業となっています。

近年は、完成車メーカーの海外生産体制へのシフトが顕著となっており、当金庫の主要な取引先であるサプライヤーもこれに合わせて海外へ生産拠点を移すなど、事業者数の減少や産業構造の変化が進行するとともに、海外経済や為替の影響が当地域の企業業績に直結する傾向が年々強くなっていますが、アベノミクス以降円高の是正が進んだことで企業業績は一定の落ち着きを見せ、直近では横ばい基調にあります。

※鼎談者の肩書および記事内容は掲載当時のものです。

また、当地メーカーの主力車種のモデルチェンジへの対応等によりサプライヤー側の設備投資が行われ受注も増加しています。

三宅　理事長のおっしゃるとおり、ご当地では海外で作って海外で売るという形で空洞化が進んでいます。もう一つは高齢化の影響も見逃せません。事業の承継ができず事業所数が減少するという大きなターニングポイントに差し掛かっています。

御室　人手の確保に苦慮している先も多いです。

みむろ けんいちろう

1945年静岡県生まれ。68年浜松信用金庫に入庫。05年理事長就任、現職。07年浜松商工会議所会頭、09年全国信用金庫協会副会長に就任。

また、2017年は、特にアメリカのトランプ新政権の政策運営が及ぼす影響が大きなポイントになると思われます。「トランプ相場」については、今後政策の具体的内容が明らかになるにつれ、その期待感が急速に後退する可能性もあり、国内景気を判断する上ではその動向を注視していく必要があると考えています。当地域経済の基幹産業である製造業は、こうした外的要因の見通しが難しく不透明な部分もあります。

　産業構造の変化を踏まえ、輸送用機器以外の製造業や観光・サービスなど第3次産業の育成も喫緊の課題と考えています。特に、大河ドラマによる観光産業へ期待されるプラス効果を一過性のものとせず、今後の第3次産業の成長につなげていくことが求められています。

事業承継は信金の得意とする業務

倉田　最近の取引先の中小企業経営者・事業者の抱えている課題や悩みは何でしょうか。

御室　毎年、「はましんビジネスサポートアンケート」を活用し、取引先企業経営者に対し経営課題のヒアリング調査を行っていますが、「取引先の開拓」「営業力強化」「人材育成」「新商品の開発」「新分野への参入」等、取引先企業経営者・事業者の抱えている課題は多岐にわたっており、われわれ地域金融機関が果たすべき役割は極めて大きいことがよく分かります。

　当然にして「事業承継」を一番の経営課題として挙げる取引先企業も多く、「今後事業を誰に託したいか?」の問いに対し、アンケート対象企業数3120社のうち「後継者不在もしくは未定」と回答した企業が1599社（約51%）にも上っており、経営者の高齢化や廃業件数の増加要因になっています。

倉田　そうした課題にどう対応しているのですか。

御室　取引先の事業性評価を丁寧に重ねて経営課題を真摯に受け止め、正面から向き合い支援していくことが何よりも必要であり、そのためには金庫職員の資質向上が急務と考えています。

　こうした取組みを浸透させるべく、2016年4月から職員の評価制度を刷新しました。融資件数などノルマによる評価を撤廃し、取引先への提案内容や実態把握の状況に評価の重点を置く体制を整えようとしています。

　具体的な支援例としては、「人手不足」に対しては、専門家の派遣、新現役（OB人材）の活用支援、プロフェッショナル人材戦略拠点の活用、M&A仲介等で対応し、「経営者の高齢化による事業承継」には、事業承継支援やM&A仲介等、「売上・販路の壁」には、ビジネスマッチングフェアの開催やマッチングの推進、M&A仲介等、「技術革新の遅れ」には、創業支援（創業スクール等）、チャレンジゲート（ビジネスコンテスト）、公的施策支援（新連携、経営革新など）、産学官連携などの施策で支援しています。取引先が抱える経営課題の内容や深度等に応じて、大きく「金庫職員が支援全てを実行するもの」と「外部連携機関等と協業して支援を行っていくもの」に分けて、営業店職員と本部職員が連携して支援に取り組んでいます。

倉田　M&Aは事業承継問題を解決する有力な方法ですが、M&A業務の方針や担当部署の態勢、最近の実績についてお聞かせください。

御室　事業承継・M&A業務は、「法人営業部地域活性課」が担当部署になっています。

M&A業務の担当者は4人で、全て専門の担当者です。専門家チームは本部のなかではなく、本部と営業店の間に置いています。顔はあくまでも営業店を向く本部と中間の組織です。

三宅　それは新しい発想です。本部内の組織では支店が業務命令的に情報を持ってくるようなプレッシャーとなってしまいます。本部との中間に支店目線の部があると当然支店も頼ってきます。専門の担当者と支店とのやりとりによって支店のレベルアップにもつながります。

御室　ちなみに、2015年度の実績はM&A成約件数は15件で、相談件数は334件に上っています。

三宅　事業承継、特にM&Aに関しては、浜松信金さんは全信用金庫のなかでナンバーワンの件数を扱っていらっしゃいます。それは、浜松信金さんが、問題解決型の信用金庫を目指しているという文化的な背景と、理事長がつくってこられた態勢によるものだと考えています。法人営業部や支店の意識改革によって実際に問題解決にあたっていく態勢ができたのではないでしょうか。

御室　当金庫の事業承継・M&A業務の特長は、一にあくまでM&Aは事業承継の選択肢の一つであり、親族内、親族外全ての事業承継相談に対応できる体制を構築しています。二は原則、金庫職員が相談から実行まで全て対応し、コーディネーターとしての役割を果たしています。三は「地域のことは地域で完結」を合言葉に、売り企業と買い企業共に県西部エリア企業同士のマッチングに努めています。現実に成約件数のほとんどが地域内企業です。四はアフターフォローが何より重要で真摯に対応する、ということにあります。

われわれ金庫が過去扱ったM&A案件（譲渡企業）の6割以上が売上3億円未満の企業です。信用金庫の取引先は中小零細企業が圧倒的に多く、M&A案件にもその傾向が表れています。

われわれ信用金庫職員は、大手銀行と違い取引先にとって親しみやすい存在です。こうした親近感や丁寧かつ正確な仕事ぶり、契約後の真摯なアフターフォローが地域の取引先から多くの支持をいただいているのではないかと思います。その意味では、この事業承継・M&A業務はまさに信用金庫が得意とする業務ではないでしょうか。

また、事業承継・M&A業務は個人の相続・納税問題とも密接に関係しており、相続対策等を担当する個人営業部とも連携を図り部署をまたいで金庫職員が一枚岩になって支援を行っています。

OJTや「エキスパート資格」取得を奨励

倉田　M&Aビジネスを推進するための人材の育成についてはいかがでしょうか。

御室　M&A業務に関しては10年以上前より本部スタッフを置いて活動していたこともあり、取引先と直接対面する営業店職員が事業承継・M&Aのニーズを発掘し、これを法人営業部　地域活性課につなげ営業店職員と本部職員が連携して支援する体制が既に構築されています。本部専門担当者については先輩職員とのOJTにより育成を図っています。

三宅　営業店の担当者から情報が上がってくることは重要なことです。営業職員のアンテナづくりはどうされているのですか。

倉田　勲

御室　営業店職員に対しては、毎年職員向けの勉強会を実施して意識啓蒙を図っています。さらに、「事業承継・M&Aエキスパート資格」取得を奨励しています。

三宅　「事業承継・M&Aエキスパート資格」を取得し名刺に示せばお客さまには「M&Aや事業承継がわかる人」と認識され感度アップにもつながります。本人も資格を生かすために声をかける、相談に応じてみようという気にもなります。本部と支店の間の部署がしっかりしているので職員のアンテナを高めるだけで3倍、5倍と情報が上がってくるのではないでしょうか。

御室　さらに、製造業比率が高い地域特性を踏まえ、「工業の見方」「製造加工技術」「機械工具基礎編」をまとめたマニュアルを作成し、事業性評価や職員の目利き力向上を推進するなど職員のレベルアップに力を注いでいます。

倉田　外部のM&A専門会社などとの連携の状況はいかがですか。

御室　日本M&Aセンターさんをはじめ、M&A仲介専門会社数社と定期的に情報交換を行っています。

三宅　去年は貴金庫から当社に出向にもきていただきました。専門的なレベルアップもしていらっしゃいます。

御室　原則、地域内企業同士のマッチングを目指していますが、「県外企業を買収したい」「地元企業に譲渡したくない」といった地域内で解決できないニーズが多く存在するのは確かで、こうしたニーズに対応する際M&A仲介専門会社の情報ネットワーク等の力を借りています。

　今後さらに地域、県境、国境をまたいだM&Aが活発化するでしょう。そうした際は、われわれ金庫内のネットワークでは解決できない案件も多くなるので外部のM&A専門会社との連携を強化していきたいと考えています。

M&Aはまさに「三方良し」の実現

三宅　法人取引を推進する上でのM&Aビジネスの位置づけについてはどうお考えですか。

御室　金庫職員がM&A仲介機能を果たすことで、まさに「売り手良し」「買い手良し」「仲介者（金庫）良し」の『三方良し』となって、取引先から絶大な信頼が得られ、派生的に融資取引や手数料を獲得できることは過去の実績から十分理解しており、今後さらに態勢強化を図っていく必要があります。

　当金庫内では、事業承継・M&A業務についてある程度ビジネスとして確立されていますので、今後さらにどう深化させていくかが喫緊の課題です。

　また、一方で事業承継・M&A業務以外のソリューション業務について融資取引や手数料の獲得ができる新たな柱を育てていかねばならないと考えています。

倉田　今後のM&Aビジネスの展開についてはどうみているのでしょうか。

御室　団塊世代が70歳を迎えるここ数年が社長交代・事業承継のヤマ場だろうと推測できます。これをビジネスチャンスとして捉え、取引先の事業承継・M&A支援を真摯かつ丁寧に対応して顧客と金庫とwin‐winの関係を構築し、地域内のシェアアップにつなげていきたいと考えています。

　事業承継業務をはじめとして、顧客の多種多様なニーズに応えていくには金庫職員の資質向上と併せて外部機関とのアライアンス強化が不可欠です。今後もさまざまな分野や業務で外部機関との連携強化を図り地域顧客へのソリューションを充実させていきたいと考えています。

倉田　金融庁は地域金融機関に対して、いわゆる「金融仲介機能の発揮のためのローカルベンチマーク」を提示するなどして、事業性評価による融資の推進を促しています。地銀との経営の違いなどを含めて「信用金庫」の経営者としての感想をお聞かせください。

御室　「金融仲介機能のベンチマーク」は、金融機関における金融仲介機能の発揮状況を客観的に評価し、地域金融機関としてあるべき方向を明確にしてその取組みの進捗度合いをモニタリングするための指標として金融庁からご提案いただいたものと認識しており、各ベンチマークの内容をみても、当金庫が目指すべき方向に合致するものは多いと考えています。

三宅 卓

折しも当金庫では、今年度から営業店業績評定制度の抜本的見直しを通じて「お客様本位の金融サービス提供」に向けた「お客様とのコミュニケーション再構築」に取り組んでいます。業績評定で重視する「プロセス評価指標」と、「金融仲介機能のベンチマーク」、そして「金庫の戦略目標（収益目標を含む）」を有機的に関連づけて活用することを目指して、現在経営陣のリーダーシップのもとで運用方法を検討しています。

ベンチマーク算出のための取引先実態把握はお客さまへの有効な提案により課題の解決につながり、まさに当金庫が目指す「事業性評価・プロセス重視の営業活動」の方向性に合致するものと思われます。

ベンチマークのなかには地銀での活用を想定していると思われるものもありますが、独自のベンチマーク指標も設定しながら、当金庫として本当に意義のある形、地域やお客さまのための機能発揮やその営みを持続可能とするための収益確保にもつながる形で運用していきたいと考えています。

TOP鼎談［15］

ほくほくフィナンシャルグループ・副社長/北海道銀行・頭取
笹原晶博 氏

週刊金融財政事情
2017年8月7日・14日合併号掲載

「一対一の面談」で700社以上の事業承継を支援する——笹原

企業の成長戦略に関わり、後継者問題を解決してこそメイン行だ——三宅

［ゲスト］
笹原晶博 氏
ほくほくフィナンシャルグループ 副社長
北海道銀行 頭取

三宅 卓 氏
株式会社日本M&Aセンター 社長

［コーディネーター］
倉田 勲 氏
金融財政事情研究会 理事長

適度なリスクの範囲で融資するのが原則だ

倉田 マイナス金利政策が継続されるなかで、企業の資金需要は低迷し、他方債券運用の金利リスク・マネジメントも厳しくなるという環境下、最近は地銀の経営難を伝える報道が目立っている。有力地銀の頭取として感想はいかがか。

笹原 貸出業務の厳しさはもちろんだが、有価証券運用も難しい環境だ。かつては、多くの金融機関が国債などの安全資産で運用を行っていたが、マイナス金利政策のもとで代替的な資産への運用が必要になり（ポートフォリオが）多様化・高度化している。リスク管理の高度化も求められている。当局の金利リスクに対する規制も厳しくなり、超長期の債券保有も量的に限界がある。

だからといって貸出に旺盛な需要はない。また、いまは信用リスクが低位安定しているものの、環境変化があればまた反転する。地元でもっとリスクをとれという論調は極端だと思う。いつの時代でも銀行は適度なリスクの範囲で融資をしていくというのが原則だ。

そうした中で当行の預貸率は70％台前半をキープしている。預金と貸出は、いずれも趨勢としては伸びているが、絶対量としては預金の増加が大きく、そのコントロールは難しい。

倉田 2017年3月期の決算をどのように評価しているのか。

笹原 他行と同様で貸出金利の低下の影響が大き

※鼎談者の肩書および記事内容は掲載当時のものです。

ほくほくフィナンシャルグループ・副社長／北海道銀行・頭取 笹原晶博 氏

ささはら まさひろ

57年北海道生まれ。79年北海道銀行入行。月寒支店長、営業企画室長を経て03年取締役執行役員、05年取締役執行役員常務、10年代表取締役副頭取、㈱ほくほくFG取締役、15年6月より現職。

かった。マイナス金利政策の導入までは金利低下に歯止めがかかりそうだったが、想定外だった。また、有価証券運用も低金利環境が続き厳しかった。役務利益をみると、マーケットのボラティリティが大きく個人のお客さまが投資信託の購入などを控えがちになり、保険商品はマイナス金利の影響で売れ筋の一時払い終身保険が提供できなくなり、これが減収要因としては大きい。コスト面では与信費用の低下がプラス要因だったが、結果として最終減益となった。今年も厳しい環境が続くと思う。

倉田　事業承継・M&A仲介を通して中小企業へのコンサルティングを行っている三宅社長の立場から現在の地銀の経営環境をどのようにみているか。

三宅　頭取のおっしゃったとおりたいへん厳しい状況だ。マイナス金利政策の影響もあるが、根幹は地方経済が疲弊していることが大きい。東京一極集中のために地方で働く人の数が激減している。先行きの不安もある。北海道でも、地域金融機関の努力もあって倒産件数は減っているものの、一方で休・廃業の件数は倒産の約6倍にも上る。全国平均の3倍と比較して廃業率が極めて高く、事業を継続しにくい現状がうかがわれる。

要因としては後継者がいないということもあるが、5年先を見据えて積極的に経営に取り組んでいくという事業者の意欲が低下しているということではないか。経営者が細々と現状を維持するので精一杯で、「将来のために新しい設備をもちたい」という気力や気迫が薄れているなかでは、金利条件の前に金融機関にとって融資を伸ばすのはむずかしいだろう。

一次産業のポテンシャルを活かし好循環を

倉田　日銀の「さくらレポート」によれば、北海道経済の最近の動向は「緩やかに回復している」という基調が示されている。設備投資計画、公共投資、個人消費の動向などをどうみているか。

笹原　設備投資計画をみると、前年を大幅に上回っているとはいえ製造業、とくに自動車産業の効率化投資が大きく、そこが数字を大きく見せている。北海道の産業の主体は非製造業で、そこに限定すると設備投資計画は横ばいだ。

ただ、個人消費、とくに観光はインバウンドを中心に絶好調といってもいい。2月に当行が実施した「観光関連事業者向けヒアリング調査」の結果でも、17年度の投資計画をみると金額は昨年度の倍の246億円となっている。とくに好調なのは札幌、函館、ニセコなどの地域だ。

自然エネルギー関係も期待が大きい。太陽光発電はFIT（固定価格買取制度）を背景に底堅い。また、北海道は特に日本海側は風力発電に適している。酪農王国、畜産王国であることからバイオマス発電の案件もあり、投資案件はこれからも続くことが期待できる。

公共工事についていえば、昨年8月の台風被害が大きく、十勝地域の復旧対策は来年度も続く。ただし、もちろんこれも短期的なもので大きな流れとして公共工事が今後も増えていくとは思わない。

根本的な課題は、短期的な景気の良し悪しではない。中長期的に労働人口の減少や産業地盤の沈下に対応していくためにいかに産業なり企業を育成していくかということだ。幸いにも北海道は長年の課題でもあるが、大きなポテンシャルをもっている。観光資源もこれだけの知名度とブランド力をもって、アジアの観光客などを引き付けている。これを最大限活用していきたい。

そのためには新たな価値を創造していくことが重要だ。食も含めて一次産業として素材はあるが、それを北海道の外に出しているだけといわれている。末端の消費者に届く時点では価値が数倍～数十倍になっている。そこを押さえて北海道のポテンシャルを活かし、地元に価値を落とし、投資と雇用を生み、定住人口の増加につながるという好循環を実現していけるはずだ。そうした目的意識を持って地域経済に強く働きかけていけば、結果として、数字としても表れてくると思う。地域を支え、雇用を維持し、まちを支える中核的な企業の強さを維持できるようにサポートしていきたい。人口減少や地盤沈下が加速しないよう、地域を支えている企業を守り成長させていくのがわれわれの使命だ。

地銀最初の「アグリビジネス推進室」で農業支援

倉田　農業分野でも貴行は積極的にコンサルティングに取り組んでいる。六次産業化なども見据えたコンサルティング、指導、ビジネスマッチングなどに取り組む体制はどのようになっているか。

笹原　地銀で最も早くからあるアグリビジネス推進室でノウハウを結集し、支援している。「農業経営アドバイザー」が五十数名所属しており、全国一の知見を深めていると自負している。

単に農家や農業生産法人がつくったものを出荷するだけでなく、第二次産業や第三次産業も含めて、出口である最終消費者やメーカーから必要とされる作物や品種は何かというところからアプローチするのがポイントだ。「北海道のものが最高だ」というだけでは不十分だ。場合によっては反対に、メーカーから「特徴ある素材は何か」とか、小売業者から「北海道の新たな価値を提示するものはないか」といわれることもある。当行でマッチングして北海道に工場を設置するなど、企業側にとっても安定的な調達が実現できるようにサポートしている。

倉田　事業承継・事業再生の観点から北海道の産業や中小企業をどのようにみているか。

三宅　全国的にトレンドをみているが、北海道の

倉田 勲

食には大きな可能性を感じる。いま、どの産業でも高級化と低価格化の二極分化が進んでいる。TPPなどの関税問題や高齢化社会の進展を踏まえると、食も二極分化する時代になるはずだ。

　食の高級化という面では、北海道に圧倒的な存在感があり、中国・ASEANでも高いブランド力がある。一企業がそれだけのブランドを構築するのには経済的負担も大きいが、「地域のブランド」はどの企業も活用できる。ワインでいうボルドーのようなものだ。六次産業化で付加価値を高め、品質もいい商品を、中国・ASEANも含めて事業展開をしていくことができる。そうなれば北海道内の企業だけでなく、本州の資金力・営業力・企画力がある企業と連携して展開していく必要性もあるだろう。北海道の食は、日本で一番その可能性を持っていると思っている。

笹原　当行では八十二銀行さんと連携し、長野の製粉メーカーと北海道のそば農家をマッチングして合弁会社による工場をつくった事例もある。北海道に自社から人を送ってでもそばをやりたいというニーズに応えたものだ。また、ある養鶏農家は後継者がなく、飲食業者とマッチングして「自社生産農場」に転換したというケースもある。

　北海道のブランドがあるのに、その素材を後継者問題でなくしてしまってはいけない。

三宅　農業は技術と同様に一度無くなると取り戻せない。そこをつないでいくのが銀行の役割だろう。

社長も悩んでいる、切り出して反応を

倉田　中小企業庁の調査などでも、中小企業・小規模企業は後継者問題が最大の課題だとされている。そうした取引先企業の支援にどのような体制で取り組んでいるのか。

笹原　たしかに最大の課題だ。後継者不在のために大事な事業を消滅させてはいけない。当行は中期経営計画で、最低700社の事業承継を支援することを掲げている。そのために、本部には養成したエキスパートを配置し、営業店にも専担者をおく。だれもがスペシャリストになることはできないが、培ったノウハウを行内にフィードバックしていく体制だ。

倉田　最近出版された『M&Aは地域活性化のソリューション』（日本M&Aセンター編・当会刊）の中で、貴行の函館駅前支店が扱ったM&Aの事例が紹介されているが、これは前任の支店長のときから引き継がれた案件だったという。このように事業承継やM&Aは時間がかかるようだ。また、経営者はメイン行には面と向かっては相談しづらいという面もあるようだ。訪問頻度を上げて雑談をしたり立ち話の中から、たまたま糸口をつかむことが多いという。事業承継問題について頭取はどのように意識付けをしているのか。

三宅 卓

笹原　そのとおりで、社長と一対一で話す機会をつくり、事業承継について切り出して反応を伺えばいい。支店長会議では毎回そのように伝えている。事業承継の問題を社長に対して口に出していいかと思ってしまいがちだが、社長も同業の社長と話していると必ず後継者の話になるはずだ。内心では「誰にいうか」「いつ手を付けるか」と思っている。問われれば、たしかに悩んでいるという社長がほとんどだろう。

実は、意外に廃業を前提に考えている人が多い。事業としての価値があるにもかかわらず、「自分が元気なうちに従業員に退職金を支払って廃業する」というのはもったいない。それは最後の手段だ。当行や日本M&Aセンターさんなどのネットワークを活用して、事業の価値や可能性を試してほしいと思う。

三宅　30～40年経営に携わっているような経営者は、とても思慮深い方が多い。事業が引き継げず、借金をどうしようかと思っている場合、「息子が東京で出世している」といった信号を必ず出している。それに気づく可能性が高いのが、地域金融機関であると思っている。社長は話を聞いてほしいのだ。声をかければニーズを引き出せるだろう。ニーズが分かれば、銀行で解決できる場合もあるし、全国的なマッチングをご希望であれば当社もお手伝いできる。結局は、一対一で大人の雑談ができる感性をもっている支店長をいかに育てるかということになると思う。そういう意味では、貴行は取引先の後継者育成にも力を入れており、関係が作れているのではないか。

笹原　1998年から開催している「道銀経営塾」は、次世代経営者に対して経営者のセオリーを体系的に学んで頂く場だ。取引先の次世代の経営者を育成するのは、いわば〝債権保全〟といえる。1年間にわたって30～40名を集めて講義をし、一泊二日の合宿もする。送り出す社長にも「生半可な気持ちでは参加してくれるな」と伝え、ほぼ皆勤で参加してもらっている。同じ境遇の次世代経営者だけに強固なネットワークになる。2010年からは経営者を補佐する幹部育成を行う「道銀幹部塾」も半年コースで用意している。当行の支店長も参加し関係性をつくる場になっている。

企業の描くビジョンの実現が手数料につながる

倉田　地銀の従来の収益源は細り、役務収益の重要性は高まっている。そのなかでM&A業務について今後の期待は。

笹原　低金利環境下で貸出から上がる収益は伸び悩み、資金利益に頼らない役務収益のウェイトが上がっている。柱になるのがソリューション提案による手数料だ。その中心にM&Aがある。

しかし、M&Aは手数料が目的でやるのではない。企業の経営課題を解決する手法の一つであり、具体的には事業承継のためのM&Aと、事業拡大などの事業戦略上のM&Aがある。事業性評価という言葉にも表れるが、企業の描くビジョンを実現することが手数料につながっていくものだ。重要なのはそのアプローチの品質だと思っている。ただ数を増やすのではなくレベルの高い提案をし、それに見合う手数料を受け取りたい。「M&Aありませんか」という御用聞きではなく、付加価値のあるマッチングができるよう勉強していくことが大事だ。

三宅　それは正当な考え方だと思う。手数料を志向している企業や金融機関もあるかもしれないが、M&Aありきでは荒っぽい仕事になりがちだ。地域社会ではM&Aに対する不満やネガティブな噂がすぐに広がり、M&Aそのものをポジティブにとらえてもらえなくなる。どのような規模の会社でも、地域にとって必要であれば残したいという姿勢が重要だ。

いい評価が得られれば、中規模・大規模の案件も増えていき、役務収益もきっちり増加するはずだ。その順番を間違えると成功しない。

倉田　M&Aで支援する企業の規模などはどう想定しているのか。

笹原　中核的な企業から零細企業までさまざまな取引先でM&Aが必要になっている。道内では著名な企業でも事業承継については進め方を悩んでいるところもあり、規模にかかわらず役に立てると思っている。

倉田　事業承継・M&A業務に関する人材育成の方針は。

笹原　今回の中計では、人材レベルを上げることの重要性をうたっている。とくに事業承継は企業の最大の課題であり、品質レベルを上げた人材が携われるようにしたい。

金融財政事情研究会と日本M&Aセンターが共催している「事業承継・M&Aエキスパート」資格は実務に直結することもあって有効に活用している。そのほか日本M&Aセンターさんにはさまざまな場面でノウハウを伝授してもらって全面的にサポートしてもらっている。

M&Aができることは銀行にとっても企業に選らんでもらう武器になる。つまり、事業承継やM&Aは企業を左右する問題だからこそ、それによってメイン行になれるかどうかも決まり、ひいては今後の銀行の発展をも左右する業務だと思う。

三宅　メイン行の定義が変わってきたという実感がある。もはや融資シェアだけが基準ではない。企業の成長戦略と後継者問題に関わるM&Aを通じて、シェアはひっくり返せる。北海道の企業に対してそうした地銀としての役割を果たしていくことが、地銀の生き残りに直結していくのではないかと思う。

TOP鼎談［16］

七十七銀行・頭取
氏家照彦 氏

週刊金融財政事情
2017年10月23日・30日合併号掲載

［ゲスト］
氏家照彦 氏
七十七銀行
頭取

三宅 卓 氏
株式会社日本M&Aセンター 社長

［コーディネーター］
倉田 勲 氏
金融財政事情研究会 理事長

事業性評価、事業承継・M&Aで価値創造銀行へ——氏家

企業の成長戦略に関わり、後継者問題を解決してこそメイン行だ——三宅

大震災から6年、交錯する思い

倉田　東日本大震災から6年余が経過して、地元地銀の頭取としては長かったような、あるいはもう6年もたったのかとかいろいろな感慨がおありだと思うが。

氏家　おっしゃるようにいろいろな思いが交錯している。全国の皆さんから随分応援もしていただきました。中でも地銀の仲間には物心両面でいろいろとご支援いただき、感謝しています。それから、行員諸君もこの大変な時期をよく乗り切ってくれたなと機会あるごとに感謝をしている。

振り返ってみると、地域とのリレーションが深まったという面もある。大変な災害の中で、地域金融機関として地域の金融システム、金融仲介機能を守ることができたのは良かったと思っている。

震災当初、地元の取引先は、どうやって事業を元に戻したらいいのかといった状況であったが、現在では将来を見据え、どのように事業を広げていけばいいか、といった前向きな相談も受けるまでになった。ステージがそれぞれに大きく変わってきた6年間だという感じだ。

ただ、「6年間」と一言で言えなくて、地震発生直後1ヵ月間ぐらいは、銀行そのものの存立が維持できるんだろうかという深刻な時期があった。そもそも我々の債権の毀損状況が掴めない。

津波に襲われた行政区域を全部調べ、そこに本社、居所がある取引先に対する我々の債権額など

※鼎談者の肩書および記事内容は掲載当時のものです。

うじいえ てるひこ
1946年、宮城県生まれ。69年日本興業銀行（現みずほフィナンシャルグループ）入行。93年七十七銀行に入り、専務、副頭取を経て10年から現職。

のくらいになるのか試算すると大変な金額になる。津波以外にも、内陸の地震の被害まで含めると、その全体像はにわかには把握できない。ただちに公的資金の活用を考え、翌週には金融庁に相談した。速やかに金融機能強化法の震災特例が設けられたので、我々は劣後ローンで公的資金200億円を導入し、震災からの復興に全力で取り組むこととした。地域金融機関が国と一体となって復興を推進するという、メッセージ性のあるものになったと思う。

また、取引先のいわゆる「二重ローン問題」をどうすればいいのかという課題にも直面した。当時、私は「二重ローン問題」ではなく、「三重ローン問題」だと言っていた。というのは、設備が毀損して、借入は残って、売り上げが半分以下になってしまった会社にとっては、その体力からすると、負担感は3倍になるということだ。

事業者向けには、金融機関が持つ債権を買い取る東日本大震災事業者再生支援機構や、産業復興機構が設立され、我々も260件程度対応した。

個人向けには、個人版私的整理ガイドラインが導入され、これも210件程度対応した。財務局や弁護士と協力して、住宅ローンの債務者に対する制度周知やアドバイスにも努めた。

これらの措置は銀行にとって債権放棄という痛みを伴うが、地域企業が再生し、個人も立ち直ることが、金融機関として営業を継続する基盤になる。被災地にある金融機関の使命として、いわゆる「二重ローン問題」の解決に積極的に取り組んできた。

倉田　今後の仙台都市圏を中心とした宮城県経済の展望は。

氏家　仙台という都市あるいは宮城県は東北の中心地であって、魅力を感じていただける幾つかの成長エンジンがあると思う。一つは震災からの復興だ。これは間違いなくある。ピークに差し掛かっているが、三陸沿岸部の復興工事の様子からすると、まだまだ続くという感じがする。

それから、これは震災とは直接関係ないが製造業の進出が挙げられる。たとえばトヨタ自動車東日本は、生産台数が岩手県の南部と当地を合わせて50万台規模だから、北九州と生産台数はほぼ同じだ。間違いなく国内第三の拠点として裾野が広がってきており、徐々にTier1、Tier2の関連企業が出てきている。

また、東京エレクトロンという半導体製造装置を作っている技術集約型の企業も当地に大きな拠点を設けている。

この2件が象徴的だが、それ以外にも震災を経て改めて東北、あるいは東北における仙台という地域に注目していただいているということは間違いなくあると思う。さまざまな企業がこの地域に注目してビジネスに取り組み、経済の厚みを盛り上げていただいているという実感がある。

設備投資アンケートなどを見ると、東北では非製造業の設備投資の伸び率が高い。特に物流は人手不足もあって、合理化して拠点をつくる投資が多い。

震災後倍増した訪問件数

倉田 勲

倉田　これは大震災の前からだが、ますます東北他県からの地銀の進出が激しくなってくる。

氏家　昔から、大手行も含めていろいろな機関が東北の拠点を仙台に置いている。金融では、宮城県外の地方銀行が仙台に対する関心を深めていて、ご存知のような進出ぶりだ。店舗を増やすのはもちろん、従来からある店舗の人員なども相当増やしている。

　なかなか大変なのだが、しかし、考えてみると我々はそれだけ魅力的な市場に本拠地を置いているということだ。一生懸命やればいろんなことができるマーケットに、我々はいるんだと思う。

　競争が激しいからこそ行員の意欲が湧くわけだし、智恵を出そうということになる。ぬるま湯のようなところだったら出てこないような頑張り方や智恵が結構出てきており、大変嬉しく思う。ただ、非常に競争は激しいが、奇をてらうような手法ではなくて、大切なのはやはり、取引先あるいは地域とのリレーションをもっと深くする、という基本的なことに尽きる。どういうソリューションを提供すれば高い付加価値を生み出せるか。事業承継などはその最たるものだと思うが、そういうことを丁寧にやっていく。

　震災後、一気にそれが広がったというのが取引先に対する訪問件数に表れている。震災前は年間約25万件だったのが今はほぼ倍増している。

　これは、震災で取引先が困難な状況に陥っていないか、何をすればお手伝いできるかということを、行員が足しげく通って、会話することから始まった。銀行全体としての取組みではあったが、行員が想定を超えるほどの動きで訪問を重ね、取引先との関係が深まっていったことは本当にありがたい。そういうことのなかから我々は何をやるべきかを探していく。

三宅　一言で訪問件数が倍になったとおっしゃるがこれはすごいことだ。労働時間の制限が厳しくなる中で訪問件数を倍増されているということは、強い使命感や責任感があるからだと感じる。

氏家　きっかけは被災者に対する支援の精神、心持ちでしょうか。どういうお手伝いをすればいいか考えるきっかけになった。

倉田　貴行の現中計は最終年度に入っているが、その戦略の柱についてはどのような状況か。

氏家　中計には4つの柱があって、①は何といっても震災復興支援、②は競争が激しいが故に収益性を高めること、③は地域価値の向上を実現することによって我々の価値も高めようという組み合わせ、④はシステムで、MEJARという共同システムへの円滑な移行と有効活用だ。システムの移行は大作業だったが、行員もよく頑張ってくれてうまく移行が済み、その成果もだいぶ出始めている。

　震災復興支援は先ほど申し上げたとおりだが、やはり何としても、収益性をもう一段上げないといけない。これは何かひとつのボタンを押せば改善するというものではない。

　解決の道としては、中計の柱とは別に2つ、「事業性評価」と「業務改革」に取り組んでいる。

　事業性評価について言えば、融資取引先は全て対象にしようと思っているが、その中で特に濃厚な関係を想定できる先がかなりある。事業性評価を既に昨年度1700先、今年度は1000先さらに上積みしようということでやっている。1先に対して3～4件は提案すべきことが出てくるが、その中には事業承継も入っている。

　取り上げるべきテーマは整理できているので、それをアンケートなどをとって丁寧に取引先にも納得してもらう。なかなかいい反応を戴いているのでこれは続けていきたい。つまり、ソリューションというか、付加価値を提供する営業の仕方をもっと徹底しようということだ。

業務改革については、専門的なコンサルを入れて、仕事のやり方を変えることで相当な戦力を生み出して、付加価値の高い、生産性の高い仕事に変えていく。既にいくつかの営業店でのトライアルを終え、効果も確認できているので、今後、全店展開していく。

三宅 訪問件数と事業性評価のタイミングがうまく兼ね合っていて、今年は2700の事業性評価先がありそれぞれに4つ提案をするとそれだけで1万2000の提案ができる。それがいいサーキュレーションになっているのだろう。

三宅 卓

氏家 その中からいい種が生まれてリレーションが深まって、取引先にとってもメリットがあり、我々にとってもビジネスになるという組み合わせになっていけば、こんないいことはないと思う。

三宅 そうなると、金利競争にも巻き込まれなくてすむということか。

氏家 それがやっぱり金利競争には巻き込まれる（笑）。ただ、さすがにここに来て、例えば住宅ローン一つ取っても、当地へ攻め込んでくる他県の銀行にとっても金利は大変ですよ。他行がいい金利を取れて、我々が取れないということではないのだから。攻めるほうも大変だなと思いますね。

事業性評価の作業から事業承継へ

倉田 後継者不在という中小企業の課題に対して事業承継がソリューションの柱になっていると思うがこちらではどういう体制をとっているのか。

氏家 事業承継は、営業渉外部が担当している。PB担当者が3名、M&A専担者が2名いる。M&Aセンターさんにも人材を育てていただいて5名の卒業生が現場で活動している。そのノウハウがOJTで営業店に広がりつつある。これは事業性評価の一つの目玉でもあるし、企業とのリレーションを強める有力なスキルになっている。

経営者の高齢化は5年、10年後にはますます深刻な話になる。我々はおかげさまで地域でのメインバンク比率は高いし、お付き合いも古いので、事業承継はまさに我々の取引先の問題として認識しないといけない。役務収益を上げたいという思いもないわけではないが、それ以前に地域金融機関としてのネットワークやソリューション提供の技術として、こうした課題に適切に対応できるようになっていないといけないという使命がある。

倉田 その中でM&Aを提案するという案件も多いのでは。

氏家 だいぶ増えてきているし、もっと戦力を高めていかないといけないと思う。例えば我々は宮城県内の各地で取引先向けのセミナーを開催しているが、事業承継問題などのテーマには、非常に関心が高い。セミナー後の懇親会では皆さんに感謝されるし、解決策を見つけ出そうという企業が増えている。事業承継は企業にとってセンシティブなテーマでもあるが、最近はかなりオープンに相談できるようになってきている。

三宅 貴行は東北6県にネットワークを持っており、M&Aのプラットフォームとして牽引していかれるお立場と考えている。そういった意味でも東北全体の事業承継も含めて当社もいろいろ対応できたらと思う。

氏家 東北各県を我々が押さえていこうということではなく、東北各県の企業が仙台を見ているということだと思う。そういう印象は非常に強くなってきている。

仙台でのビジネスをしっかりものにしたいとか、進出したいというニーズは多く、我々が持っている仙台におけるネットワーク、情報、これをうまく活用していただいて、企業にさらに元気になっていただく。それがM&Aだったり、いろいろな形での進出であったりする。

最近の事例として、同じ建設業で得意分野が異なる企業を成長戦略として譲り受けたケースがあった。

また、ある経営者はオーナーから株を譲渡してもらってオーナーのご子息を会社に受け入れ、育てるというような組み合わせで事業承継をやっていくケースなどもあった。実に多様になってきたなと思う。

三宅　そのような状況の中で、貴行との協業案件で最近成約がありましたので当社から謝意を表して、感謝状を贈呈させていただきます（笑）。

氏家　現場では本部が事業承継に対応する智恵を絞っていることを知っているので、いろいろな案件を持ち込んで来る。事業性評価の作業の中で4割ぐらいは事業承継の話が入ってきている。

三宅　事業承継チーム、M&Aチーム、支店のトライアングルがいかにうまくかみ合っていくかが重要だ。それに事業性評価の情報が加わり4つの歯車がうまくかみ合えばそれぞれの付加価値が上がってくる。

氏家　人材養成についてはきんざいさんの資格制度である「事業承継M&Aエキスパート」有資格者が300名を超えてきた。様々な角度からアプローチを続ければ、いろんなところで花が咲くのではないかと期待している。

事業承継のような問題についてきちんとした智恵、ソリューションを提供できるということは地域金融機関としての当然の役割であり使命だ。せっかくこれだけのネットワークと顧客基盤があるわけだから。

事業承継問題でうまくいかないからその事業をやめてしまうというのはもったいない。大きく言えば国全体として損失だ。それを何とか維持して、あるいは有効活用していくのは我々の仕事の一つだ。事業性評価の一部に事業承継もM&Aもある。現在の中期経営計画「VALUE UP～価値創造への挑戦～」の名称のとおり、我々はそういった提案を通じて取引先に喜んでいただき、付加価値を受け取っていただくという〝価値創造銀行〟でありたいと思っている。

十六銀行・頭取
村瀬幸雄 氏

週刊金融財政事情
2018年1月8日号掲載

［ゲスト］
十六銀行
頭取
村瀬幸雄 氏

三宅 卓 氏
株式会社日本M&Aセンター 社長

［コーディネーター］
倉田 勲 氏
金融財政事情研究会 理事長

「エンゲージメント」の活動評価基準で企業への金融仲介強まる——村瀬

経営陣、本部、現場のM&Aへの意識と実務対応レベルが高い——三宅

地域とのより強固な信頼関係を

倉田 昨年（2017年）10月に創立140周年を迎えられた。銀行内外へのメッセージに込めた思いは。

村瀬 1877年（明治10年）に、初代頭取の渡辺甚吉が第十六国立銀行をつくったのは20歳のときだった。銀行の開業を思い立って準備にとりかかったのは19歳のときだという。当初は実家の織物屋の隣にあった倉庫のような建物を借り、1896年（明治29年）に自前の本店ができるまでそこで営業していたという。

当時は両替商の時代だった日本に西洋から「銀行」という仕組みが入ってきたものの、大方の日本人はそれがどういう存在なのかよくわかっていなかった。その未知なビジネスに20歳前後で挑戦し、貸家で商売を始めたというのはいまでいうベンチャー・スピリットそのものだ。当時は銀行もベンチャー企業であって、われわれはいまもその初心を感じ取らなければいけないという思いを強く抱いている。

倉田 そうしたベンチャー・スピリットを体現すべく、今年度から新たな中期経営計画をスタートされている。その基本方針や重点戦略はどのようになっているのか。

村瀬 17年4月にスタートした第14次中期経営計画では、「エンゲージメント1ｓｔ（ファースト）」を行動基軸に据えている。一般的に「エンゲージ

※鼎談者の肩書および記事内容は掲載当時のものです。

メント」とは「約束」や「契約」といった意味になるが、私がこの言葉に込めている思いは、われわれがお取引先や地域社会に積極的に関わっていく一方、お取引先や地域の皆さまからも十六銀行に対していろいろな思いをぶつけていただき、それによってより強固な信頼関係を築き上げていきたいということだ。

そのための一つの方策として業績評価のあり方を見直した。これまで営業部門では支店や行員ごとに細かい数値目標を設定し、その達成を目指してきた。今回、この部分を整理して「エンゲージメント」の観点からそれぞれの支店や行員が何をすべきかという活動評価基準を策定した。それを中計の柱として走り始めている。

この活動評価は16年度から試行的に営業部門で実施し、昨年4月の中計のスタートに合わせて正式導入したのだが、その際、本部でもこの活動評価を開始している。

経営企画部や企業支援部といった本部の部署にも従前から業績目標を設定していたのだが、営業部門の活動評価と同じ尺度で見ていくことが必要だと考えた。たとえば、「営業店から本当に評価される業務を行っているか」「営業店の先にいるお客さまとのエンゲージメントを高めるための本部活動になっているか」という目線だ。

正直にいうと、従来の細かな数値目標をなくすことで、地域の企業への金融仲介が滞ってしまうのではという心配もあった。しかし、事業性向け融資の実績をみると、愛知県では17年2月から、岐阜県では5月から前年比でプラスになっている。現場がエンゲージメントの考え方をよく理解して活動してくれている証左だと嬉しく思っている。

むらせ ゆきお

1956年、岐阜県生まれ。79年十六銀行に入行。93年香港支店長、94年名古屋駅前支店長、98年人事部長を経て04年常務取締役、09年専務取締役、13年取締役頭取、現在に至る。

倉田　業績評価体系だけでなく営業手法にも新機軸を打ち出されていると聞く。たとえばビジネスマッチングではどのような工夫を行っているのか。

村瀬　銀行の主催でビジネスマッチングの商談会を開催すると、サプライヤー（売り手）企業ばかりがたくさん集まり、バイヤー（買い手）企業がなかなかみつからないというケースがよくある。それではお客さまのニーズに応えられないため、当行では2011年度から「サプライヤー探索サービス」（逆見本市商談会）という取組みを進めてきた。これは、先にバイヤー企業から発注したい部品・材料や提案を受けたい分野などの条件を提示してもらい、当行がサプライヤー企業にその条件を案内して、関心をもった企業に商談へのエントリーをしてもらうというものだ。この方式であれば具体的な購買ニーズがはっきりしているため、それに適合するサプライヤーをマッチングしやすくなる。

倉田　確かに、最近は全国各地でビジネスマッチングの商談会が盛んに開催されているが、金融機関のなかには「取組みが形骸化してしまっている」という反省もあるようだ。貴行の「逆見本市」では、どのような業種が目立っているか。

村瀬　食品関係も多いが、やはり当地の地域特性として自動車や航空機の部品を購入したいという大手・中堅メーカーが目立つ。「航空機部品の4軸・5軸加工、切削・歯切り加工が可能な企業と商談したい」といった具合だ。

11～16年度の累計で商談会は180回、商談数は2，800件を超えており、13年度には東海財務局から「地域密着型金融に関する取組み」として顕彰も受けている。

「逆見本市」のノウハウはオープンにしているので、いまでは他の地銀や商工会議所などでも同じような取組みをしているケースが増えているようだ。

「3行M＆Aネットワーク」は先駆的連携

倉田　マッチングといえば、最近は地銀もM＆Aの仲介を積極化させているが、貴行はこの分野でも先駆的な取組みを進めてきたことで知られている。

村瀬　平成の時代になって間もないころ、日本M＆Aセンターの三宅専務（当時）が「こういうビジネスがある」といって当行を訪問された。当時の地銀の感覚としては、「経営者に対して、会社を乗っ取ると誤解されかねない提案をしてもいいのか」という受け止め方であったが、三宅さんには中小企業の後継者不足の問題などを大変わかりやすく説明していただいた。まさに時代の先を読んでおられたと思う。

三宅　貴行とはその当時からのお付き合いになるため、支店長や職員向けのM＆A研修にもたびたび関わらせていただいた。そのときに一緒に議論をしていた銀行の〝仲間〟が、いまや法人部門の管理職やM＆A担当の責任者として活躍されている。多くの方がM＆Aに関して10年以上のキャリアを積んでおられるので業務への理解が深い。

現在、全国の地銀のなかでも十六銀行さんは経営陣、本部の管理職、現場の支店長、中堅行員に至るまでM＆Aに関する意識が高く、実務対応のレベルも抜きん出ていると思う。新たな中計においても、M＆A業務のさらなる飛躍が見られると楽しみにしている。

倉田　マッチングの選択肢を広げようとすれば、一定の地域内で営業している地銀の場合、おのずと他行との連携が視野に入ってくる。その点でも貴行は早くから、百五銀行、名古屋銀行との間でM＆Aの連携に取り組んできた。

村瀬　3行で「中部金融M＆Aネットワーク」を発足させたのは01年で、全国でも草分け的な取組みといえる。

3行が毎年持ち回りで幹事行を務め、情報交換会や研究会、M＆Aセミナーなどを開催して各行の幅広い取引先のなかから最適なマッチングを探っている。

三宅　M＆A業務での連携といっても「必要に応じてやりましょう」というケースも多いなか、3行の取組みはこれだけの頻度で長年にわたって続いており驚かされる。成約実績も数多くあり、非常に実のある連携になっていると思う。

倉田　国内では超低金利の長期化などから、銀行の融資業務が苦戦を強いられている。そうしたなかで貴行の新しい中計では「コア事業の深化」と「新たな収益機会への挑戦」が基本方針として掲げられているが、従来の資金収益とは異なる収益源としてM＆A業務にはどこまで期待しているか。

村瀬　「事業を売りたい」あるいは「企業を買って新たな事業に参入したい」というニーズは昔に比べて確実に増加している。前者はいうまでもなく後継者問題の影響が大きく、後者は自前で事業を育てていくよりも買収によってスピードを重視することが求められているためだ。

その際、地元の中小企業が誰にM＆Aの相談をするかというと、メインか準メインの金融機関が多い。当行のメインバンクのシェアは岐阜県内で約35％、愛知県でも拡大の途上だが順調に伸びている。そのため、当行はM＆Aの相談を受けるカウンターパーティーとして大きな責任を負っており、コア業務として位置付けている。直近の1年間をみてみると20社程度の案件が成立しており、結果も出てきている状況だ。

一方、繊維や金属加工などで高い技術を有するメーカーや商社では後継者不足が深刻になっており、残念ながら廃業を選択する企業も少なくない。

三宅　岐阜県では年間400件強の廃業が発生し

倉田 勲

ている。貴行のM&Aに携わっている役職員と話をすると、「M&Aを通じて廃業を少しでも回避していきたい」という思いが強く感じられるので、今後もこの業務はさらに拡大していくと思われる。

倉田　貴行では事業承継対策として、自社株などの財産を評価する「健康診断」といったツールも活用されているが本部ではどのような体制で支店の活動をサポートしているのか。

村瀬　かつては事業承継の支援とM&A業務を別の部署で担当していたのだが、現在は法人営業部の資本戦略チームに一本化して専門性の高い行員を配置し、ワンストップでお客さまをサポートできる体制を構築している。また、預り資産販売を主業務とする行員にもM&Aに関する一定の知識をもってもらい、アンテナを高くしてお取引先の後継者難などの悩みをいち早くキャッチできるようにしている。

その際にポイントとなるのが先ほど紹介した評価のあり方だ。従来は本部の業務推進役が数値目標の管理に当たっていたが、いまでは営業担当者の業務推進上の悩みを聞き、適切な解決策をアドバイスするという役割を担ってもらい、その取組み具合を評価する仕組みに改めた。

また、営業担当者についてはお取引先とのリレーションシップの深度を評価する。フロック的にたまたま獲得できた案件はたとえ金額が大きくても評価は低い。一方、経営者とじっくり話をして実現に至ったような案件については規模が小さくても高い評価をしていく。

従来は、キャンペーンの月になると支店全体で目標数字の達成に集中し、その他の業務はひとまず横に置いておくという状況があったがこれも改めた。M&Aの仕掛かり案件があれば、その業務を継続しお取引先と腰を据えてやりとりできる営業体制としている。

新入行員には まず地元への理解を

倉田　業績評価に当たっては行員に対する教育・研修が前提になると思うが、とくに若手職員向けの研修をどのように進めているのか。

村瀬　地方銀行ではあまり例がないと思うが、17年4月から新入行員の各セクションへの配属を7月1日とし、それまでの3カ月間は銀行のことをじっくり学んでもらう研修をスタートさせた。現場に出て先輩の背中をみながらOJTで仕事を覚えていく前に、基礎的な人材育成をしっかりやりたいという趣旨だ。

もともと当行に入行してくるのは地元の役に立ちたいという若者ばかりだが、より地元を愛し、十六銀行の金融サービスやネットワークを活用して地元に貢献していきたいという意識を涵養していきたい。その成果が何年後にどういったかたちで出てくるのかはまったく予想できないが、M&Aにしても事業承継にしても地元に対する理解がなければ決してうまくいくことはないと思う。

また、役付になる前の中堅行員に対しては、毎年70名ほどの志願者を募集し法人研修のなかでM&Aなどをみっちり学ぶ取組みを行っている。

三宅　人材の運用面で付言すると、貴行から当社に支店長経験者を派遣・転籍していただいた。全国の金融機関を回ってニーズの掘り起こしに当たってもらっているのだが経験上、銀行実務や支店長の考え方、企業の意向などを熟知しているので相談がきわめてスムーズに進み、当社の金融機関担当との連携もうまくいっている。銀行のOBを出向→転籍というかたちで迎えるのは当社としても初めてのことだが、貴行だからこそ実現したケ

三宅 卓

ースといえる。

倉田 いまの銀行員に求められるスキルや研修内容は頭取が新入行員のころと比べてかなり変わってきていると思うが。

村瀬 私が入行したとき、先輩から「銀行には預金、融資、為替の3大業務があって、とくに決済業務は銀行の独自業務で他の業界からは守られている」といわれた。ところが、いまでは預金と融資はもちろんのこと、決済についても他業種からの参入があり銀行の独壇場ではなくなっている。また、フィンテックやAI（人工知能）の登場によって、そもそも人間が行ってきた業務がコンピュータや機械に代替される時代を迎えている。

もちろん、そうしたイノベーションは金融にとどまらず、日本の基幹産業である自動車にも、自動運転や電気自動車といった新たな波が押し寄せている。事業会社も金融機関も、今後は何をビジネスとして収益を上げ、雇用を確保していくかということを従来とは違った発想で考えていかねばならない時代だ。

倉田 そのためにも若い世代による柔軟な発想が求められる。地方からの人口流出が続いているが、若者を地元に引き付ける方策はあるか。

村瀬 名古屋に近い当地でも進学や就職で東京に出ていく人が多い。東京の大学はこれ以上定員を増やさないという話もあるが、地元の大学にも地域によりコミットしていって欲しい。たとえば、ファミリービジネスを専攻できる学科を創設し、地場産業や家業を科学的・体系的に学べるよう、地元の大学に要望している。

大学でビジネスを学ぶというとMBAが思い浮かぶが、地元の中小企業の経営について研究するとなるとアプローチが異なる。ヨーロッパでは大学でファミリービジネスを学べる環境が整っているといわれるが、日本でも若者が地元の産業を学ぶことで魅力を感じて、そうした仕事に従事するという流れが生まれることを期待している。

TOP鼎談[18]

滋賀銀行・頭取
高橋祥二郎 氏

週刊金融財政事情
2018年4月30日・5月7日合併号掲載

[ゲスト]
高橋祥二郎 氏
滋賀銀行
頭取

三宅 卓 氏
株式会社日本M&Aセンター 社長

[コーディネーター]
倉田 勲 氏
金融財政事情研究会 理事長

〝あうん〟のトスアップで顧客の課題解決をサポート——高橋

本部と営業店の距離感が近く顧客の状況を熟知——三宅

法人向け手数料ビジネスに大きな期待

倉田 最近の滋賀県の経済動向は。

高橋 地場の企業のほか電子部品や半導体、自動車関連などで滋賀県内に工場や技術開発拠点を置く県外企業も多い。滋賀県は土地や水が豊富なことに加えて、交通の便がよいという面も企業が拠点を設置するのに有利だ。近年、多くのメーカーで工場の海外移転が進み、国内工場は集約化する動きが続いているが、滋賀県の工場に生産を集中させるケースも目立つ。東海道と中山道が合流する交通の要衝ということで、物流業や倉庫業においても長い歴史がある。

また、近年はインバウンド需要も高まっている。京都市では昨年、月間の客室稼働率が90%を超えたとして話題になったが、滋賀県でも外国人観光客が増加している。琵琶湖などの自然や歴史遺産のほか、最近では菓子製造のたねやグループが展開する「ラ コリーナ近江八幡」という施設が国内外の観光客の人気を集めている。広大な敷地のなかで、和洋菓子の工房やショップを見学するツアーを実施していて、年間200万人以上の集客数を誇っている。

倉田 16年4月の頭取就任と同時に第6次中期経営計画を発表された。18年度は中計の仕上げの1年となるが、どのような点がポイントになるのか。

高橋 本中計で打ち出したコンセプトの一つに「ファースト・コミュニケーションバンク」がある。

※鼎談者の肩書および記事内容は掲載当時のものです。

たかはし しょうじろう

1956年京都府生まれ。79年滋賀銀行入行。野洲支店長、草津支店長、営業統轄部長などを歴任。08年取締役、営業統轄部長委嘱、09年京都支店長委嘱、11年常務取締役、14 年専務取締役、15年副頭取を経て、16年から現職。

お客さまから最初に相談され、最も速く、親切・親身に対応する銀行をめざすという趣旨だ。「ファースト」には"First"に加えて"Fast"の意味も込めている。どのような相談事であっても、お客さまから「まずは滋賀銀行に話してみよう」と考えていただけるよう信頼感をさらに高めていきたい。相談の内容がビジネスにつながるのかどうか、つながるとすれば預貸関連なのか手数料関連なのかはともかくお客さまとのコミュニケーションを密にして「総合金融・情報サービス業」への転換を進めているところだ。

倉田　日銀の超低金利政策が長期化し、中小企業の資金需要も低迷が続くなど銀行を取り巻く環境は厳しさが増している状況だが、貴行の収益状況は。

高橋　幸い、当行では預金・貸出金とも増加傾向が続いており、貸出金の中身をみても増加分の6割近くを中小企業向けが占めている。ただし、超低金利が続くなかで利ザヤが厳しい状況であることは言うまでもなく、これまではボリュームの拡大でカバーしてきたがそれも限界に近づきつつある。

預かり資産の販売では、お客さまにいろいろと話を聞きながら国債や投資信託、保険など、ニーズに沿った提案を進めている。こちらも残高は増加している半面、手数料は下落傾向にあり楽観はできない。

新たな収益の柱として期待をかけているのが法人向けの手数料ビジネスだ。事業の拡大や業績不振の打開、事業承継といった分野でお客さまの課題解決のお手伝いをして一定の手数料をいただくという活動を地道に進めてきた。たとえば、昨年7月に11回目の開催となった「しがぎんエコビジネスマッチングフェア」は環境技術の開発等に積極的に取り組んでいる取引先と県内外の企業をマッチングして、販路開拓や技術支援などをサポートする取組みだが、これも当初からマッチングの手数料をいただいておりすっかり定着している。

法人向け手数料ビジネスで顕著な効果が出ているのがM&Aの分野だ。案件自体の手数料収入もさることながら、融資や相続、保険販売といった関連ビジネスへの波及という面でも期待が大きい。

行員の業務知識のレベルアップを促進

三宅　貴行のウェブサイトでは、M&Aのメリットや業務の流れなどが非常にわかりやすく示されている。末尾には「M&Aに関するご相談は取引店の店長席までお申しつけください」とあって、相談しやすい雰囲気が感じられる。

高橋　当行では以前から「〝知恵と親切〟のしがぎん」というキャッチフレーズをブランド戦略の一つに位置付け、M&Aを含めた幅広いテーマについて行員の業務知識のレベルアップに努めてきた。

行員向けに実施している「ゆとりプランセミナー」は、最新のマーケット動向や中小企業経営の要点、法律・制度改正の概要といったテーマについて専門家に講義してもらう内容で、土日の開催で自由参加ながら200~300人の行員が集まることもある。

三宅　当社もセミナーへの講師派遣で何度も声を掛けていただいている。私も支店長向けのセミナーで話をさせていただいた。専門部署の担当者だけでなく、支店長をはじめ幅広い行員がお客さまのために知識を吸収しようとしている意識を強く感じた。

　また、取引先を対象としたセミナーにも大きな特徴を感じる。セミナーへの収客を当社から依頼すると、多くの銀行ではよくイベントに参加してくれる方や時間に余裕のある方に声を掛けるケースが多い。その結果、セミナー会場の席は埋まるものの、事業承継やM&Aに真剣に悩んでいる方の参加が少ないことが多い。滋賀銀行さんの場合はそうではない。「経営者である夫が亡くなり、社長業を引き継いだ女性」とか「息子さんが東京の企業に就職している経営者」といった事業承継・M&Aのニーズを本部が営業店に的確に伝え該当する属性のお客様をご紹介して下さる。本部と営業店の距離感が近く、営業店が取引先の状況を熟知しているからこそだろう。

高橋　当行では、法人・個人一体の営業にも注力している。預かり資産のセールスを行っている女性行員も、個人事業主のお客さまが資産の承継を考え出したらそれは事業承継にもつながりうるということに気がつく感性がある。要は、そうしたマインドを持っているかどうかだ。当行では「トスアップ」という言い方をしているのだが、個人担当者が上げたトスを法人担当者がアタックすることも多い。先ほどの個人事業主のようなケースであれば、事業承継だけではなく相続税対策や資産の有効活用ということでアパートローンに結び付く場合もある。

「ゆとりプランセミナー」などで法人向け業務を取り上げる際にも、女性行員の出席が少なくない。なかには「実際にM&Aの業務に携わりたい」と希望する女性行員も出てきているのでできるだけ機会を与えるようにしている。

三宅　法人・個人の一体営業は古くて新しい問題だが、貴行の「トスアップ」はきわめて有効な取組みだと思う。この業務でそこまでの連携がうまく機能している金融機関はまだまだ少ない。中堅・中小企業のオーナー経営者は財産承継と事業承継の両方を実現して初めて肩の荷を下ろすことができる。どちらか一方では中途半端だ。

　当社もそうした問題意識から、2016年に財産承継の専門会社との共同出資により「事業承継ナビゲーター」という会社を設立し、お客さまに対する財産承継のサポートも行っている。

倉田　最近の事業承継やM&Aの案件において、ニーズの変化や特徴的な動きなどは見られるか。

高橋　事業承継では、後継者は身内に限らないという傾向が強まっている。かつては社長に息子さんがいなければ娘婿に社長を譲るケースも多かったが、最近ではむしろ積極的に外部に後継者を求めたり会社を譲渡したりする動きが目立つ。

　一方、買い手企業では、他社の優れた技術力や専門人材、販路などを手に入れるためにM&Aに活路を求めるケースが増えている。事業意欲が旺

倉田 勲

盛な経営者は、「現在手掛けているビジネスはやがて頭打ちになるから、どんどん違う事業を取り入れていきたい」という意識を常に持っている。

三宅　実際に滋賀銀行さんの取引先でも、M&Aの買い手となる企業も多くなってきており経営戦略としてM&Aを活用している。川下産業に参入したいというケースもあれば、滋賀県から京都や名古屋に進出したいというケースも多い。

事業譲渡は「買い手から請われて事業を託す」ということ

倉田　かつてはM&Aや事業承継というと後ろ向きのイメージがあって、あまり大きな声では言えなかった。メインバンクにも相談しにくいし、業界内ではなおさらだ。しかし今は企業の成長戦略の一環として、また経営革新の手段としてM&Aを積極的にとらえる状況が出てきているようだ。

高橋　まさに20年ほど前まではお客さまも事業承継やM&Aの話は言い出しにくいという雰囲気が強かった。ところが最近では、部店ごとの取引先の会員組織である経友会などの集まりで経営者の皆さんに会うと、私に「支店長にM&Aの件を相談しておいたのでよろしく」といった話をされることが増えた。まさに時代が様変わりしたという感じがある。

三宅　われわれも最近では明るい雰囲気で案件を進めていくことに注力している。たとえば成約式ではホテルの会場を借りてプロの司会者に進行を頼むなど、結婚式と同じようなレベルで演出している。また、会社を譲渡した経営者に専門の記者を派遣し、取材した内容に基づいて立派な冊子を作成する取組みも行っている。日本経済新聞の「私の履歴書」のようなイメージで、その経営者が会社を立ち上げたころの苦労や事業が拡大していく状況、そしてさらなる成長を目指して会社を譲渡するいきさつなどを詳しく紹介したものだ。その経営者の親戚縁者や得意先などに配布してもらい、非常に喜ばれている。

高橋　周囲から「あの経営者は会社を売り逃げた」などと誤解されてしまうようだと事業譲渡やM&Aは進まない。むしろ、大手企業などから請われて事業を託したという面に光を当てることが重要だ。とくに地元企業は従業員や取引先との関係が近いだけに、その点に十分に配慮して仲介案件を拡大していきたい。

倉田　事業承継やM&Aを含め、地域の課題を解決していくという役割で地銀に期待されるものが高まっているのではないか。

高橋　滋賀県はSDGs（注）の取組みに注力していて、当行でも昨年11月に「しがぎんSDGs宣言」を出して地域経済の創造、地球環境の持続性、多様な人材の育成といった重点項目への取組みを進めている。

SDGsはグローバルな目線で世の中のさまざまな問題に対処していく施策だが、この考え方を応用すれば金融機関が地元企業の課題解決を支援していくことで地域の持続可能性を高めることにつながるはずだ。たとえば、地元の中小企業は人事やシステム対応、コスト削減などの面で多くの悩みを抱えているがなかなか解決策を見出せずにいる。そこで金融機関が効果的なノウハウ提供などを行えば地域の活性化に寄与できるし、われわ

三宅 卓

れとしてもそうしたノウハウ提供が新たなビジネスに発展する可能性がある。

まだ検討段階だが、システム関連で新しいアイディアが出てきている。当行はコンピュータシステムを自前で運営しており、関連会社にはシステムに詳しい職員が多い。そうした職員のノウハウを取引先の課題解決に生かせないかと考えて打診してみたところ、お客さまからアドバイスが非常に役に立ったと喜んでいただいた。業法との関連もあるが、もう少し踏み込んでソリューションとして提供できれば手数料をいただけるビジネスになるかもしれない。

三宅　地域の課題という意味で深刻さを増しているテーマが二つある。

一つは、団塊世代の中小企業経営者が70歳代を迎え後継者難に直面していること。もう一つは、これまで県の経済を牽引してきた中堅企業でさえも、経済構造の転換や業界再編の波にさらされていること。われわれとしては、中小企業の貴重な技術や人材がうまく引き継がれるように支援するとともに、中堅企業の活性化と持続可能性という面からも金融機関とともに取り組んでいきたいと思っている。

（注）SDGs（持続可能な開発目標）は15年の国連サミットで採択された国際目標。すべての国連加盟国が16～30年にかけて「貧困」「エネルギー」「成長・雇用」などに関する17の目標の実現を目指す取組み。

TOP鼎談［19］

名古屋銀行・頭取
藤原一朗 氏

週刊金融財政事情
2019年1月7日号掲載

［ゲスト］
藤原一朗 氏
名古屋銀行
頭取

三宅 卓 氏
株式会社日本M&Aセンター 社長

［コーディネーター］
古川浩史 氏
株式会社きんざい 専務取締役

中小企業の経営企画部のような役割を担いたい——藤原

情報を提供し、支援する姿勢が企業文化として根付いている——三宅

東海地区の中小企業には先行き不安感

古川　まず、東海地区の景況感や資金需要の動向を伺いたい。

藤原　日本銀行が10月1日に発表した9月の企業短期経済観測調査（短観）によると、東海3県（愛知、岐阜、三重）の大企業（製造業）の景況感を示す業況判断指数（DI）は「足もと」がプラス22、「先行き」がプラス25だった。前回調査では「足もと」がプラス21、「先行き」が19だった。つまり「足もと」が好調なうえ、今後のほうがよくなると見ているわけだ。全産業のDIはプラス16で、全国のプラス15より1ポイント高い。東海地区ではトヨタ自動車を中心とする自動車産業が牽引するかたちで好調な景気が続くと見られる。

　一方、中小企業のDIは、「足もと」がプラス15、「先行き」がプラス10だった。前回調査では「足もと」がプラス17、「先行き」がプラス10だったことを考えると中小企業は大企業とは異なり、先行きに対する見方が少しネガティブになっている。これは、銀行経営者としての私の実感とも一致する。

　中小企業に不安感が生じている原因のひとつは人手不足だ。これは大企業、中小企業共通の課題だが、大企業は設備投資によって人手不足をカバーできる。実際、自動車業界ではいまCASE（接続性、自動運転、共有、電動化）への投資が非常に活発に行われていて、設備投資が増加している。

※鼎談者の肩書および記事内容は掲載当時のものです。

一方、中小企業の多くは省力化を強いられているうえに原材料費の高騰がある。原材料費の上昇分だけ納入価格を引き上げてもらえるとは限らない。不安の出どころのもうひとつはその点ではないか。当行は貸出金の約8割が中小企業融資であるため、大企業との格差が広がらないようありとあらゆる取組みにより中小企業をサポートしている。

ふじわら いちろう

1965年生まれ。87年日本興業銀行(現みずほ銀行)入行。03年名古屋銀行入行。05年執行役員第3エリア長兼名古屋駅前支店長。06年常務取締役本店営業部長。08年常務取締役。13年取締役副頭取を経て、17年より現職。

古川　そうした取組みのなかで、優先しているものは何か。

藤原　当行では「貸出は最後のフェーズ」と考えている。まず経営計画や事業計画があって、最後に「お客さまがお金を必要としているから融資しましょう」という流れだ。自戒を込めていうと、かつての銀行はその最後の部分しか取り組んでこなかったのではないか。お金を貸す・借りるという話の前に、お客さまの「ああしたい、こうしたい」という希望や思いがある。われわれはもっとそこに関わるべきで、その部分に一生懸命取り組んでいる。

“融資の手前”に関与

古川　具体的にどのような取組みをしているか。

藤原　お客さまとのコミュニケーションを重ね、事業性をしっかりと理解することが前提になる。コミュニケーションを通じて見えてくるいろいろな課題や悩みに対し、コンサルティング機能を発揮する。たとえば、愛知はものづくり県なので、「ものづくり補助金」を活用したいと考えるお客さまには申請のサポートをする。案件が採択されれば中小企業の設備投資が活発になり、それが生産性や収益性の向上につながる。ちなみに当行集計によると、２０１７年度1次・2次公募において、当行が関わった案件の採択数は１７０件。これは商工中金の２４７件に次ぐ全国第2位の実績で、民間金融機関では全国トップになる。

加えて「名銀ジョイント」と銘打った商談会、ビジネスマッチングにも注力している。昨年までの2年間で25回開催し、商談は５２０件を数えた。今年はもっと多くなりそうだ。

一般的な商談会といえば、中小企業が大企業に対して自社のモノ・サービス・技術を売り込む場であるが、「名銀ジョイント」はその逆だ。まず大企業のニーズを探り出し、それを中小企業へ持っていき結び付ける。自分たちではなかなか大企業にアプローチできないという中小企業の方からは、非常に喜ばれている。

もうひとつ、注力しているのはセミナーだ。ご存知のように、名古屋、東海地区は自動車産業が盛んなので、自動車関連のセミナーを毎年開催している。今年5月には「次世代自動車産業セミナー」を開き、いわゆるＣＡＳＥが自動車業界にどのような影響を及ぼすのか、それにどう対応していけばよいかなど、専門家を招いて講演いただいた。昨年9月には「セルロースナノファイバー（ＣＮＦ）利活用セミナー」も開いた。ＣＮＦは木の繊維を微細化した新素材で、鉄よりも軽くて丈夫といわれている。これを自動車材料向けに活用しようとする研究が進んでいるため、日本製紙のCNF研究所長らに話をしてもらった。実物も持ってきていただいたので参加者には関心を持ってもらえたと思う。そのほか、海外進出向け、新規事業向けのセミナーなどを含め、昨年1年間で大小70回以上のセミナーを催し、1500人を超える参加者があった。

　そうしたさまざまな取組みを組み合わせながら〝融資の手前〟でコンサルティング機能を発揮し、最後に貸出につながればよいと考えている。

「事業性評価」は一歩間違えると自己中心的になったり、お客さまをそっちのけにしたりする可能性もある。当行ではお客さまにしっかりと軸足を置くようにしている。そうした姿勢を続けていくことにより、深くお客さまを知ることができ、絆が深まる。それを愚直に続けることがわれわれ地域金融機関のミッションだと考えている。

古川　昨年4月から開始した中期経営計画に「より強く、より永く、より深く　～じもととの絆の深化～」とある。いまお客さまが融資の手前で求めていることをどう探り、経営陣以下、どのように絆を深めているのか。

藤原　3～4年前まではほとんどの地域金融機関が「量の拡大」に走っていた。しかし現在、「量の拡大こそビジネスモデル」というのは成り立たない。そのことがはっきり見えてきて、われわれは地域金融機関として「何のために」「誰のために」仕事をするのかといった問題意識を共有し、〝融資の手前〟にもっと力を入れるべきではないかと考えるようになった。

　私自身、東京出張などで得たヒントを商談会の企画にしたこともある。そのように私が引っ張ってきた部分もあるが、いまは若手を含め、周りの皆が自主的にどんどんアイディアを持ってきてくれる。私のほうがついていけないほど盛り上がっている。

三宅　「メインバンク」という言葉の定義がここ数年で変わってきたように感じている。融資シェアでトップを獲るのは重要なことだが、もっと重要なのはその手前にある経営戦略や事業計画にしっかり関われているかどうかだ。ここに関われているとよい融資ができる。

　個人的にはそうした取組みを実践している金融機関のひとつが名古屋銀行さんだと思っている。情報を持っていない中小企業に寄り添い、時宜を得たセミナーを開催したり、大企業のニーズを伝えたり、最適なマッチングをしたりしている。その結果「資金が必要」となれば、ものづくり補助金の申請サポートや融資をしている。「融資は最後」という考え方は素晴らしいし、その姿勢はこれからの金融機関のあるべき姿のように見える。

藤原　地域のお客さまの問題解決を金融機関が担うのは全国共通で、新しい発想ではない。農産物や海産物の生産・収穫が盛んな地域でもさまざまなセミナーや商談会を通じて販路の拡大を促していると思う。愛知県は日本で8番目の農業県でもあり第二次産業の土地柄でもあるということから、大企業のものづくりと中小企業の技術をつなぐことに力を入れている。基本的な発想は他地域とさほど変わらない。

若手行員を事業承継や M&Aの専門部署に配置

古川　そうしたなか、期間目標として事業性の新規融資先数を毎年度3000先伸ばし、単年度目標として複合取引先数（給与振込など1項目以上のメイン化項目の取引をしている先数）を1万7000先伸ばすことを中計に掲げている。

藤原　愛知県内における当行のシェアは約10％だ。名古屋は金融機関の競争が特に厳しいといわれるが、伸びしろはまだ9割あるともいえる。引き続き新規開拓によってお客さまの裾野を広くしていきたい。また、メイン化につながる複合取引には特に力を入れている。前述のとおり「量の拡大」という従来のビジネスモデルはすでに崩れており、複合的な取引によってお客さまとの絆を深めていく必要がある。できることの余地は大きい。

古川　事業承継やM&Aなどに代表される「出

口」のサポートについてどう考え、どのような態勢で推進しているか。

藤原　企業にも人間にも寿命があるのは事実で、事業承継は最重要テーマのひとつになっている。ただ融資と同じで、出口だけを見ているわけではない。中小企業に寄り添って「この会社を地域のなかでどういう存在にしていくのか」「どういう時間軸で成長させていくのか」といった議論を深めるのが先だ。最後のところだけ取ろうとするとおかしな話になるので、行内でも「短期的な時間軸と長期的な時間軸を意識してお客さまとコミュニケーションをとろう」といっている。

　販路拡大を希望する中小企業があれば、短期の時間軸を意識して商談会やセミナーをご案内する。長期的な時間軸で見た場合、事業の引継手がいないといった問題も出てくるので、その際には有効な出口戦略のひとつとしてM&Aも視野に入れる。ただ、「まずM&Aありき」ではなく、中小企業が幸せになるかたちをともに探していく考え方だ。中小企業もM&Aに対する心理的ハードルが下がってきているので、当行としてもその意義を伝えながら、お手伝いしていきたい。

三宅　まったく同感だ。「子どもや社員が継いでくれない。仕方がないから会社を第三者へ譲渡しよう」という後ろ向きのM&Aでは誰も幸せにならない。そうではなく、「自分の会社がここまで大きくなった。この会社をもっと成長させたい。

古川浩史

そうすることによって従業員も仕入先も得意先も幸せになる」「もっと素晴らしい材料で部品をつくることによって多くの人に喜んでもらいたい」と思ってもらうことが大事だ。

　このような、「成長のための事業承継」「前向きなM&A」がこれから重要になる。承継する相手は息子さんや番頭さん、第三者などさまざまだが、経営者には60歳くらいから「自分の夢や志はどこにあるのか。この会社はどう成長させていくべきなのか」といったことを考えてもらいたいし、金融機関ならそこをサポートできると思っている。もちろん息子さんに継がせるにしても、その息子さんを営業マン寄りの経営者に育てるのか、技術者寄りに育てるのか、あるいはマネジメント力に優れた経営者として育てるのかなど、出口ではなく手前の段階で考えなければいけない。

「お客さまのために何ができるか」を考えるほうが楽しい

古川　事業承継・M&Aに携わる人材をどのように育成しているのか。

藤原　即効薬はない。地道な努力しかないので、内部研修には力を入れている。そのあとは経験が大切なので、事業承継やM&Aの専門部署に若手を置き、経験してもらって現場に還元してもらうというイメージで育てている。時間はかかるがそれが一番いい。

古川　事業承継やM&Aは、最初の相談を受けてからが長い。業績評価への反映で工夫しているところはあるか。

藤原　案件を何件とったら何点、という評価方法にするとおかしなことになるので、目標は設定していない。事業承継やM&Aを含め「ソリューションビジネス全体への業務姿勢」という観点で業績評価を組み立てている。

個人的には、業績評価で行員を縛るのは好みではない。限られた貴重な時間を数字を上げるためだけに使うのはもったいない。それより「お客さまが喜んでくれた」「仕事って面白いな」という経験をひとつでも多く積み重ねてもらいたい。会社や数字ではなく、自分の頭でお客さまのために何ができるのかを考えてもらいたい。そういうことに労力を使うほうが楽しいし、お客さまも幸せになる。いつもそううまくいくとは限らないが、長い目で見れば会社としても収益が上がる。

当行の社是は「地域社会の繁栄に奉仕する」だ。繰り返しになるが、最後の融資の部分をたくさんこなせばよい、最後の事業承継の部分をたくさん扱えばよいとは考えていない。その前にある中小企業の課題や悩みに寄り添う姿勢を当行では大切にしている。行員の皆さんには社是をそう理解してもらっている。だから、業績評価はメルクマールとして持ってはいるが、無理な数値目標を設定しなくてもある程度やれる。そこは他行と差別化しているポイントでもある。

三宅 卓

三宅　銀行が事業承継やM&Aに力を入れて取り組もうとすると「案件を何件獲得したら何点あげる。査定もボーナスも上げる」となりがちだが、名古屋銀行さんの場合、注目される以前から地道に取組みいただき、いまなお続けている。当社も毎年、名古屋でセミナーを開催しているが、各支店からお客さまをご紹介いただいている。事業承継・M&Aに対する意識の高さ、アンテナの高さは本当に素晴らしい。「中小企業に寄り添い、情報を提供し、支援する」という姿勢が企業文化として根付いているからこそお客さまのことを考え、ニーズをくみ取り各提案ができている証拠であると思っている。

古川　大変よいお話しを頂戴した。最後に、事業承継やM&A、あるいはもう少し広い意味での企業支援に対する思いをお聞かせいただきたい。

藤原　当行では事業承継やM&Aにとどまらず、ありとあらゆる分野でお客さまのお手伝いをしている。これをしっかり続けていくなかで次が見えてくる。時代がどう変わろうと、愛知県の中小企業のコミュニティのなかでしっかりお客さまを支えていくというのが不変のテーマだ。

会社にはバランスシートがある。左側に資産が、右側に負債と自己資本がある。左側の資産を支えているのは、その会社の自己資本と銀行の借入だ。

いうなれば、銀行には右側から左側を支える役割がある。それは会社と銀行が二人三脚のよきパートナーであることを示している。これからも中小企業、あるいは社長の理解者としていろいろな相談に乗り、知恵を出していく。そうした支え方が地域金融機関の本来のあるべき姿だし、そこに思いを馳せることにひとつのヒントがある。中小企業の社長は、社長をしながら営業にも生産にも管理にも関わる。大変なご苦労をされている。だからこそ大企業でいう経営企画部や経営管理部のような役割を地域金融機関が担うべきだし、その関係性が持続可能なビジネスモデルの構築につながっていくと考えている。

三宅　今回、名古屋銀行さんが高い志をもって経営されていることがわかり、またその志が行員皆さまに根付いていることに、あらためて感服した。お客さまを第一に考え、「成長のためのM&A」「前向きなM&A」を共に実現していきたいと考えている。

多摩信用金庫・理事長
八木敏郎 氏

週刊金融財政事情
2019年4月29日・5月6日合併号掲載

時代が変わってもお客さま目線のビジネスモデルは変わらない——八木

M&Aは情報を蓄積するストックビジネス——三宅

［ゲスト］
八木敏郎 氏
多摩信用金庫
理事長

三宅 卓 氏
株式会社日本M&Aセンター 社長

［コーディネーター］
加藤一浩 氏
株式会社きんざい 社長

多摩地域のメインバンク

加藤　多摩地域の特徴・景況感はどうか。

八木　当金庫の「たましん地域経済研究所」では年間4回、日本銀行の企業短期経済観測調査（短観）とほぼ同時期に、約1200社のお客さまからアンケートをいただいて、『多摩けいざい』という小冊子を作成し、各店舗に設置している。当金庫のお客さまは中小・小規模企業であり、例えば企業DIでも短観の数字より少し低い。それが直近の2018年12月末には小規模企業がプラスに転じたので、ようやく全般的には景況感が少し上向きになってきたと感じる。

ただ、多摩地域の面積は東京都の約2分の1を占めるが、人口は3分の1程度であり、景況感のほか不動産価格・不動産取引の動向についても、東京23区とのタイムラグや格差を感じる。

三宅　多摩地域には一定規模の都市が複数あり、中小企業も多いが、全国の他地域と比較すると、金融真空地帯だ。地方における地銀や、23区でのメガバンクや大手証券のような金融機関はない。融資や預り資産といった金融ビジネスの営業をする金融機関はあるだろうが、地元企業の問題解決という意味で貴金庫の機能は非常に重要だ。

八木　年末に帝国データバンクから公表される「多摩地区企業のメインバンク調査」では、当金庫のメインバンク比率は23%近くであり、トップで推移している。当金庫にとっては規模の大きい年商

※鼎談者の肩書および記事内容は掲載当時のものです。

10億円以上50億円未満の事業所でも、今回初めて3位になった。

　企業数でいえば当金庫のシェアは非常に高い。当金庫の課題解決活動がお客さまに評価いただいているのではないかと思う。まだ道半ばだが、職員が一生懸命に取り組んでくれたおかげだと思っている。今後、メインバンク比率は30%程度に向上させたい。

やぎ としろう

1952年生まれ。1974年多摩中央信用金庫入庫。2001年国際部 部長、06年多摩信用金庫 常勤理事国際部長・資金証券部長委嘱、07年常勤理事 経営情報室長委嘱、09年常務理事、11年専務理事、13年より理事長。

加藤　そういった中で取引先企業経営者や事業者が抱えている課題や悩みは何か。

八木　生産性の向上や将来の発展はもちろんだが、人手不足は深刻な状況だ。それに伴って、販路拡大や技術革新への取組みも進まない。また、経営者の高齢化も進んでいる。今後80歳頃まで働くようになると考えれば、70歳の団塊の世代でもまだ現役だが、社会構造の変化が激しい時代だから、早めに事業承継を考えていくべきケースもあると思う。

三宅　地方では人口減少が著しく、特に就業人口である20～65歳が激減しているが、多摩地域は人口が増えている。それでも後継者がいない企業が増えているのか。

八木　たしかに高度成長期以降、多摩ニュータウンなどに都心から人口が流入してきた。65年に約180万人だった人口は、80年には330万人、いまは425万人だ。

　ただ、経営者の平均年齢は、最新の調査結果では60・2歳となっている。また、高齢化率は80年には6%だったが、いまは25%程となっている。人口も、各種データを見ると20年頃でピークアウトしていくのではないかと思う。生産年齢人口も縮小していく。まだ恵まれているほうかもしれないが、全国のトレンドと大きくは変わらない。

加藤　例えば多摩ニュータウンはその象徴か。

八木　多摩ニュータウンをこれからどう展開していくのかは行政にとっても切実な問題だ。昔のように都心から多摩地域に人口が流れてくることはない。埼玉・神奈川・山梨などから流入してくる社会増でかろうじてプラスになっているが、東京のベッドタウンという地位は低下してきた。

課題解決のためのプラットフォーム

加藤　取引先のさまざまな課題に対してどのように支援をしているのか。

八木　当金庫は全店で500名近い渉外人員を配置して、支店長以下、職員が一貫してお客さまの事業を積極的に支援している。また、2011年には、さまざまな知見を持つ地域内の専門家と連携するための「課題解決プラットフォームTAMA」を組成した。現在は約130名の専門家と連携し、経営課題に応じて専門家等・本部・支店が一緒にお客さまを訪問し、その解決を支援している。

　合併した06年に設置した価値創造事業部には現在約120名のスタッフを置いている。「20年先を見据えた地域の将来を考える」という合併のコンセプトに基づいて生まれた組織だ。信金では随一の布陣だと自負している。創業支援や成長支援にも取り組んでいるし、法人だけではなく、個人や地域の支援も担っている。

加藤 事業承継への対応についてはどうか。

八木 価値創造事業部には事業承継の専門スタッフを4名置いており、内、1名はM&Aの担当者として活動している。また、全支店に事業承継の問題に対する取組リーダーを配置している。後継者が決まっていない場合はその背景や経営ビジョンも共有しながら、会社内外の人材発掘も検討していく。

後継者が決まっていれば、明星大学と一緒に実施している「TAMA NEXTリーダープログラム」を活用してもらう。1期当り約20名で、今年で12期目。1年に2回開催した年もある。さまざまな業種の同世代の後継者同士でネットワークもできる。

M&Aのニーズも高まっている。支店の上位役席者を中心に本部と情報共有を進め、着実に情報量は増加している。

三宅 価値創造事業部の担う役割のとおり、M&A支援だけではなく、成長支援や創業支援が非常に重要だ。いろいろな地方へ行くと、地方創生のためには中小企業の存続に焦点を当てるだけでは不十分だと感じる。やはり中堅・中小企業の上位の層に対して、事業性評価を実施して、成長戦略を一緒に立案することで、元気な会社を生み出す必要がある。さらに、地域経済の活性化のためには、何の業種でも良いので、若者が新しい考えやスタイルで創業することが重要だ。そのベースの上で、後継者が不在の企業をM&Aで引き継いだり、企業をさらに発展させるために成長戦略型M&Aを行うなどの戦略が重要だ。

八木 やはり起業を絶やさないことが重要だ。放っておけば毎年何千という企業が地域の中で減っていく。そこで、2013年に「創業支援センターTAMA」を本部に設置した。また、多摩地域には50近い創業支援機関があり、以前はバラバラに活動していたが、当金庫が中心となって、創業支援セミナーを各エリアで、行政も一緒になって開催することにした。多摩地域の26市3町1村の行政機関のうち、3分の2とは一緒に地域活性化や創業支援に取り組んでいる。さらに、10年前に設置した「Winセンター」は、創業支援セミナーやビジネスマッチングのためにお客さまに利用してもらっている。

出向でビジネスモデルを担う人材を育成

加藤 職員の人材育成の取組みについて。

八木 当金庫のビジネスモデルを実現するための人材育成が不可欠だ。事業承継・M&Aの分野では、日本M&Aセンターと金融財政事情研究会の「事業承継・M&Aエキスパート」「同シニアエキスパート」も、職員には取得を推進していきたい。

また、経済産業省や中小企業庁、内閣府、JETROなどへの出向も活用している。優秀な人材が2年ほど出向でいなくなるという負担はあるが、皆が成長して帰ってきて、お客さまに対する貢献度は高まる。

多摩地域の行政とも1~2年のサイクルで人材交流をしている。当金庫から人材を派遣するだけでなく、行政の職員を受け入れて、創業支援やビジネスマッチング、別の市町村のまちづくり支援を担当してもらっている。取引先にも常時、職員が出向している。

三宅 支店の職員の資格取得などを通じてすそ野を広げ、現場が問題意識を持って事業承継などに対応していくことが重要だ。窓口のテラーの担当者まで含めてアンテナを高く持っていただくためにも有効になる。

出向では視点が高まり、視野も広がり、成長にレバレッジがかかるだろう。

八木 出向先の機関も、出向者ではなく自分たちの職員として扱ってくれるから、実務を担う中で成長の機会を与えてもらっている。同世代との交流も多く、横のつながりも強くなる。

三宅 当社も地域金融機関から常時30名ほどの出向を受け入れている。5月からは体制を変えて、出向者大学のような形を新しく構築する予定だ。

従来どおり現場で、プレーヤーとして経験を積んでもらうのに加えて、もっとM&Aを体系的に学んでもらう。例えば、「集めてきた情報を管理してストック化する方法」「多くのニーズに対応して、生産性を高めて効率的に問題解決していくための手法」「M&Aの肝であるマッチングの考え方」などを学ぶために、いろいろな部門をローテーションしてもらう。

最新のM&Aの手法や考え方をマスターしたうえで、最後に卒業レポートを書いてもらう。日本における地域金融機関の現状や当社の取組みを踏まえて、自金融機関にはどのような課題があり、どのように取り組んだらいいかをまとめ、自金融機関のトップや担当役員の前でプレゼンテーションしてもらうものだ。

加藤一浩

八木　実践的なビジネススクールのような取組みだといえるのではないか。

収益は副次的なもの

加藤　今後のM&Aビジネスの位置づけや展開についてどのように考えているか。

八木　ニーズが増えてくる中で、支店と本部が情報を共有して蓄積していかなければタイムリーな課題解決ができない。そこで、取引先の課題を営業店と本部が共有するため「課題共有シート」を作成し、課題解決に取り組んでいる。

三宅　M&Aをフロービジネスととらえていると、案件を処理して手数料収入を得て、お客さまに喜んでもらっても、本業として組織的にサービスを継続することはできないし、収益も安定的に伸長させられない。実は、当社は、M&Aをストックビジネスだととらえ、情報を蓄積することの重要性に気付いてから急激に成長した。金融機関でも、ストックした情報の中から安定的に生まれる案件を解決していくことによって、地域への貢献も増えていくし、役務収益も確実に入ってくる。課題共有シートを活用するのは、まさに本流の考え方だと思う。

八木　自金庫の収益を目的にしては絶対に長続きしないし、お客さまとの信頼関係も生まれない。本当にお客さまの将来を考えて、お客さまにとって必要なことをする必要がある。結果的に役務収益が上がったり、融資や総合取引が展開できたりするケースもあるだろうが、それは副次的なものだ。

加藤　まさしく先義後利の精神だ。目標数値に関する考え方も変わってくるのではないか。

八木　預金や融資をいくら伸ばすか、という目標を設定するのもそれぞれの金融機関の考え方だが、バブルが破綻して地域やお客さまに迷惑をかけたことを絶対に繰り返してはいけない。地域の将来の活性化や発展を考えるのは地域金融機関・協同組織金融機関としての使命だ。

三宅　高度成長期であれば、シェア争いの中で少しでも多くの貸出を実行することが、お客さまのためにもなった。いまは高齢化や人手不足の中で、お客さまの課題解決に取り組むことによって、結果として資金やM&Aが必要になり、ビジネスの糸口が見えてくる。貴金庫の考え方は、地域金融機関のあるべき姿だと思うし、多摩地域の中核金融機関としての役割を、非常に高い志で果たしていると感じた。

同時に、責任も重いのではないか。一般的には、複数の地銀や信金がある中で地域の課題に取り組むことが多いが、多摩地域では貴金庫が中心となって行政と連携し、中堅企業の成長戦略も考え、中小零細企業や商店の問題解決にも取り組まないといけない。地銀・信金含めた地域金融機関の役割をすべて担っているといえるだろう。

八木　変化する社会・経済環境に対応した取組みは必要だが、根底を流れるビジネスモデル・経営理念はずっと変わっていない。今後AIやIoTがさらに進展しても、「お客さまのために何をするか」という目線は絶対に変わらないはずだし、変えてはいけない。

新本店を情報の発信基地に

加藤　2020年には新本店が完成する。

三宅 卓

八木　本店を置く立川の将来の発展に貢献するための施策だ。また、多摩地域全域で当金庫の機能を発揮して課題解決に取り組むための情報の発信基地にしたい。それから、学術・文化の向上にも注力しており、1階には美術館を造る。土日も人通りを絶やさないような場所にしたい。

当金庫は将来も23区内に支店を持つことは考えていない。この地域の中でしっかりと取り組んでいくための一つの精神的支柱が新本店となる。もちろん、地域のお客さまにとってより使いやすいことも重要だし、働く職員が誇りを持てるものにもしたい。

三宅　経済と文化のプラットフォームとして、地域の中心になってほしい。当社にとっても多摩地域は真空地帯になっており、もう少し力を入れていきたい。23区の駅前でセミナーをやっても多摩地区のお客さまには来てもらいにくい。貴金庫と連携を深めて、できれば今年は多摩地域でセミナーを開催したい。後継者不在企業や、買収を通じてレバレッジをかけて成長していきたい中堅企業も多くあると思うので、地域の活性化につなげていきたい。

八木　いい関係でできればと思う。

大分銀行・頭取
後藤富一郎 氏

週刊金融財政事情
2019年8月5日・12日合併号掲載

産業構造の変化をとらえ、付加価値の高い企業群をつくっていく――後藤

地方創生では中小企業だけでなく中堅企業の成長も重要――三宅

[ゲスト]
後藤富一郎 氏
大分銀行頭取

三宅 卓 氏
株式会社日本M&Aセンター 社長

[コーディネーター]
加藤一浩 氏
株式会社きんざい 社長

一過性の結果にこだわらずCSVを追求

加藤 東九州地区の特徴・景況感はどうか。

後藤 この2年ほどは、低成長ではあるが実質的な成長があり、県内の景況感はそれほど悪くはない。しかし、この1年特に感じるのは人手不足だ。中小企業では人がいないということで、仕事をしたくてもできないという話が増えてきた。

加藤 人手不足は全国的な問題だ。

後藤 大分県はもともと「新産都」といって、多くの上場企業を誘致して、ものづくり・製造業を中心に成長してきた。それが大分の強さでもあった。その誘致企業が雇用を生み出して、その雇用が大きく地域を支え、良い経済循環をつくり出してきた。現在、そうした大手のものづくり企業そのものに産業のパラダイムシフトが起きている。これまでに比べて雇用力が落ちてきており、従来の成長の延長線だけで地域を守ることはできない。中小企業、地域の産業力を上げなければいけないということが我々の大きな課題である。

加藤 『長期経営計画2011』の最終ステップとなる「中期経営計画2019」がスタートし、CSVを基本的な方針に掲げている。

後藤 前中計の途中で「CSVの実現」にあたって、いままでの短期の目標にこだわった業績評価では、どうしても企業を育てようという意識が足りない「刈り取り型」になってしまうことに気付いた。企業のライフサイクルを通じて、長いスパ

ごとう とみいちろう
1955年生まれ。78年大分銀行に入行。営業企画部長、常勤監査役、常務取締役、常務取締役経営戦略本部長などを経て、15年専務取締役経営戦略本部長に就任。16年より頭取就任。

ンで対応していくという考え方が必要であり、プロセスを重視した評価を行っている。アンケートによるとお客さまの評価がずいぶん高くなった。

新中計も「CSVの進化」という考え方で取り組む。一過性の結果の目標を達成したから良かったとか、今期は100万稼いだから良かったということではなく、今期も50万でいいし、来期も50万でいいけれども、継続的に収益を上げることができるシステムをつくることを評価していく。行員にもそういう意識を持ってもらおうとしている。

三宅　それは素晴らしい。単年度でいくら稼がせてもらうかということでは、結局どこかで行き詰まってしまう。例えば当社における金融機関とのお付き合いでも3年、5年、7年先までのビジョンや戦略を総合提案ということで、これから先どのように地方創生やM&Aを一緒になって取り組んでいくか考えている。事業法人についても同様に総合提案で、戦略を共有化してM&A、PMIを総合的にやらせてもらっている。

周辺の町も含めた地方創生

加藤　地域商社「Oita Made（オオイタメイド）」にも取り組んでいる。

後藤　いまは物販を中心に行っているが、観光の商品化として、大分の泊まる場所や食べる場所をつないで旅行パックにできないかを検討している。大分の豊後牛が台湾で評価されたことをきっかけとして、台湾の食肉輸入事業者などが5月に大分へ訪れたが、その際せっかくなので大分の食や観光資源の魅力をパックにしたツアーの提案を行って、好評をいただいた。今後も大分の観光力をより認知してもらうための仕掛けを作っていきたい。

加藤　そういった意味では、大分県には強みがたくさんある。

後藤　Oita Madeの中に扱う商品を「モノ」だけではなく「コト」を含め総合的な商いができるようにしていけば、地域の産業力や社会的なものも一緒に売り出していけるのではないかと思っている。そうしたことができるのは地方銀行としての強みかもしれない。

加藤　宮崎銀行と地域創生に関する包括的連携協定を締結したが。

後藤　大分・宮崎は東九州に位置し宮崎は非常に近い地域でもあり、いまでも大分の県南や宮崎の県北では一緒になって観光事業などを取り組んでいる。そうしたものをさらに広げていって、地域のつながりを強化していく。あまり県境にこだわらないほうがいいのかもしれない。より地域の活力を引き出すためには、われわれ金融機関が一緒になって、観光やものづくりの販路開拓などの取り組みを一緒にやったほうが効果的である。

三宅　一方で、財務省のレポートによると大分県も2025年までに就業人口が15％減少し、企業は25％減少するとある。

後藤　大分県は人口減少や高齢化に直面しており、大分市や別府市はまだいいが、その周辺地域は人が少なく、産業力も落ちてきている。そうした状況は日本全体で共通するが、核になる都市機能を残していかなければならない。東京だけが元気であればいいということでは成り立たず、いま、東京が元気なのは、その周辺が支えているからであって、周辺が崩れていくと東京そのものも沈んでしまう。大分県内でも同様で、いま大分市は元気がいいが、周辺の町々から支えられている。周辺の町々の核になるところをしっかりと残していくことで中心市町も残っていくし、日本全体が多様性を持った国として残れるのだと思う。

そうしたときに、地域が持っている高い価値を生み出せるポテンシャルをうまく使うという考え方が非常に大事ではないか。観光のポテンシャルを持っていれば外から人を呼び込むことを戦略として、市場を広げ、そこで生業が成り立つよう社会資本を整備して、町が成り立つようにする。つまり、産業連関を組み立てると同時に、社会機能を設けてその地域を残していけるような仕組みをつくってくことが必要である。そうしたやり方を日本の各地域が真剣に考えて取り組むのが地方創生ではないかと思う。

三宅　頭取の地方創生の考え方に私も賛成だ。

産業連関をつくりあげ地方創生を

三宅　一般的に地方創生というと中小企業の存続ばかり言われているが、その上の中堅企業を元気にさせない限り、中小企業だけ残しても中堅企業が崩れていけば結局中小企業は立ち行かなくなる。そのため、中堅企業を元気にするために成長戦略をいかに描かせていくかが重要である。中堅企業は古い会社が多いため、そのままの状態でなかなかオーガニックに成長することはできない。M&Aをして、買収戦略などで相乗効果を出して成長してもらう。

それから、もう一つ上の優良企業も目を向けられていないが、ここにもっとスター企業をつくっていかなければならない。例えば5年に1回ぐらいは上場企業を出すぐらいのことを県全体で応援していってもいいのではないか。

加藤一浩

一方で零細企業もちゃんと残さなければならない。例えば山間部のタクシー会社など地域のライフラインを担っている企業もある。あるいは観光地でラーメン屋が1軒閉店してシャッターを下ろすだけで、その商店街が寂れて見えてしまう。

この優良、中堅、中小、零細という四つのレイヤーをきちんと支援していくことが地方創生になるのではないか。中小企業ばかりに目を向けるのではなく地方の産業連関をちゃんと見た上で構造をつくっていくことがとても大事だと思う。

後藤　垂直分業のときに日本は強かったが、産業構造が変わり水平分業になり、バリューチェーンの中でいちばんの核となるところを巡り米中が争っている。これからの地域経済では、我々もバリューチェーンの発想が必要だと思っている。付加価値の高い大きな経済力を創り出せるような中核になる企業群を地域に創っていくことが課題である。

トヨタ自動車のような大きな企業群ももともとは小さな町工場から興った企業である。いまないからできないということではないと思う。前は大きな工場のように広い土地などが必要ということがあったが、いまの付加価値の高い産業というのは、比較的制約なく地域でも生み出せるのではないかと思う。

そうした可能性と同時にいまの地域が持ってい

る、一次産業も含めた可能性をマッチングできないかと考えている。産業連関をつくり出していけるような地域にしていけば、地域そのものも存続できるし、それがひいては日本全体がバランス良く生きていけることになるのではないかと思う。各々が持っている価値を引き出せるような仕組みをつくるか、新たな時流にあった産業を創り出していくことが必要である。

そうしたことを考えていると、我々金融機関の行員が目利きにならなければいけないし、いろいろなことを理解して、お客様と話したときにその企業の成長可能性をさらに引っ張り出せるような高い行員レベルにしていかなければならない。

加藤　行員の人材育成やM&Aの体制はどうなっているか。

後藤　いつも我々の中計の最後にくる一番難しい課題は人材である。求められる人材レベルはより高くなっている。法人営業では、企業が作っているものの品質の話になったら化学式をわかっていなければいけないなど、高いレベルで多くの知識が求められる。

M&A支援の体制は本部内にM&A・事業承継のグループを設け6名の専担者と各営業店とで協力して行っている。

三宅　結局、法人の事業を伸ばすというソリューション営業になってくると、やはり事業の本質を見極める力も必要であるし、そのバリューチェーンを考えていくことも必要だ。そしてその中でどう発展していくかという企業戦略を作ることも必要である。企業戦略を実現するためにM&Aをしていくのか、されるのかというような資本政策も重要になる。かたや事業承継の時代に入ってきており、財産の承継という面も放置できない。経営の承継と財産の承継とが表裏一体になっている。口で言うのは簡単だが、それを実際に指導できる、会話ができるというのはなかなか難しいだろう。

地域の衰退を止めるM&A

三宅 卓

加藤　M&Aの実績と地域創生での位置づけについて。

後藤　3年前と比較しM&Aは約4倍に伸び、200件は超している。ニーズがあるということだ。後継者がいなかったり、事業そのもののビジネスモデルが小さく、ほかのビジネスモデルと合わせれば活かせるケースでは、M&Aは非常に価値がある。

われわれが希望するのは、県内、地域内の産業群により高い価値を生み出せるようにつくり上げていくことである。県外の企業とのM&Aのほうがより適合性の高いものも多い。例えばこの大分の地域のものづくりであれば、味噌・醤油といったものがあるが、そうした産業群がさらに強くなるようなM&Aを支援していきたい。

三宅　まさに地方銀行がM&Aをやる場合、その観点はすごく大事である。例えば一つの業種で中堅企業が3社あるところ、この3社のうち1社が事業承継で困っていて、東京の大資本に買ってもらい、東京の大資本の傘下になる。そうすると他の2社と比べて競争力が格段に上がるからこの2社が破綻してしまいかねない。結果的に県内の産業は活性化しない。では、この3社のうちこの企業は救えたけれども、この2つがなくなってしまったということになれば県全体としてはマイナスになる。地銀のM&Aは、県としてどうあるべきなのか、この企業としてどうあるべきなのか、それからオーナーの人生の選択としてどうなのかという多角的な評価を行っていかなければならない。

後藤　必要な産業が地域の中にはあり、その中に残していく企業を銀行が本当に徹底的に支援していかなければならない。我々自身の姿勢が重要である。そうしたことが地域の衰退を止めることにもなるのではないかと思う。「ゾンビ企業」という言葉があるが、成長性のない企業は残せない。価値を持っているのに淘汰されたり、廃業してしまうものであれば、早めにM&Aにつなげたほうが Win-Win になると思う。

三宅　そうした意味では、県内全域がわかっている地銀の役員の方と、M&Aの専門部隊、それからわれわれのような部隊とが三位一体で取り組む必要がある。我々だけでやっても県内の事情を把握しきれないし、現場は現場で目の前のことで精一杯であることから、役員の方と専門部隊とわれわれがうまく歯車をかみ合わせていくと、理想的なM&Aができるような気がする。

後藤　新たな産業を創り出すことからM&Aのようにアウトするところまで、絶え間なく向き合うプラットフォームとしての地方銀行の役割を果たしていきたい。個人に対しても高齢化が進む時代であり、個人の運用やローンから相続までライフを支援していく取組を行っており、法人・個人両面でライフワーク支援ができる地方銀行になれれば理想である。

TOP鼎談[22]

日本政策金融公庫・総裁
田中一穂 氏

週刊金融財政事情
2019年10月28日・11月4日合併号掲載

地方創生の実現に向け、地方自治体、民間金融機関との連携が重要――田中

「第二の創業」として事業承継を広めていきたい――三宅

[ゲスト]
田中一穂 氏
日本政策金融公庫
総裁

三宅 卓 氏
株式会社日本M&Aセンター 社長

[コーディネーター]
加藤一浩 氏
株式会社きんざい 社長

〝顔の見える関係〟を構築し 民間金融機関との協調案件が増加

加藤 日本政策金融公庫の総裁に就任してから民間金融機関との連携を進めてこられた。ここまでの手応えはどうか。

田中 政策金融は、中小・小規模事業者や農林漁業者等のために政府が用意している政策を金融面でサポートしていくことだ。経済政策の手段の1つとして補助金や減税がよく知られているが、それらと横並びのものとして融資という手段がある。日本公庫では民間金融機関では融資が成立しにくい案件に対しても社会的な必要性を鑑み、比較的長期の資金を融資している。融資の際には当然、「その企業はどういう企業なのか」「政策的にこの融資が意味をなすのかどうか」といったことを検討しなければいけないが、それにはその企業の成り立ちから将来性まで、深く把握する必要がある。そこは民間金融機関のほうがよく知っている。民間金融機関が持つノウハウや知識に助けてもらいながら、中小企業支援や農林漁業支援を進めている。

加藤 民間金融機関との協調融資も進んでいる。

田中 特に融資規模が大きいお客さまには、日本公庫単独で100%を融資するのではなく、協調融資にするよう心掛けており、例えば、2018年度末時点で266の民間金融機関と366の協調融資商品を創設している。18年度の融資案件は国民生活事業、中小企業事業、農林水産事業の3

※鼎談者の肩書および記事内容は掲載当時のものです。

事業合計で約29万件だったが、うち協調融資の実績は3万768件（前期比133・3%）、1兆2929億円（同172・3%）だった。

日本公庫の事業は、民間金融機関としのぎを削るものではない。そのことを十分理解していただいたうえで、われわれを利用してもらうことが重要で、実際そのように考えて、「一緒にやりませんか」と声を掛けてくれる金融機関も増え始めている。じつは、前述した協調融資3万768件のうち、約1万3700件が民間金融機関からの紹介案件だ。そのうち約1万2300件は国民生活事業に区分される案件だが、中小企業事業の案件もけっこうある。中小企業事業では過去、民間金融機関と良い関係が築けていないケースもあったが、今は紹介案件が増えてきている。

民間金融機関との信頼関係を醸成させるには、〝顔の見える関係〟になることが重要だ。金融機関としての個性は地方銀行、信用金庫、信用組合によってそれぞれ異なるし、地域によっても異なる。公庫との関係で見ても昔から仲よくお付き合いしているところもあれば、まだそこまでの関係になれていないところもある。本当の意味で理想的な関係になるにはもう少し時間が掛かるが、一歩ずつ進んでいきたい。

たなか かずほ

1955年生まれ。79年大蔵省入省。2006年内閣総理大臣秘書官、11年理財局長、12年主税局長、14年主計局長を経て、15年に事務次官就任。17年12月日本政策金融公庫代表取締役総裁に就任。

「継ぐスタ応援セミナー」など イベントを積極開催

加藤　昨年度から政策の大きな柱として、事業承継支援に積極的に取り組まれている。

田中　事業承継支援についてはまだ走り始めたばかりで、日本M&Aセンターさんのほうがずっと先行している。事業承継支援の話は企業規模で変わってくる。中小企業白書（2019年版）によれば、日本の企業はいま約359万社ある。年商10億円超の大規模先や中規模先は売上も企業価値も高いのでM&Aも商業ベースに乗りやすいが、年商3億円以下の小規模グループでは難しい。しかも、小規模先は子どもや従業員が事業をなかなか継いでくれないケースが多い。日本公庫としてもできる範囲でしっかりとサポートしたい。例えば、豆腐を販売するのが従来の豆腐屋ではなく、スーパーやコンビニになり、多くの消費者は「まあそれでもいいか」と思いながら豆腐を買うようになっているが、「昔ながらの豆腐屋の味」という価値を求めている人もまだ大勢いる。そういう商品や技術は日本社会のなかにしっかり残していきたい。

三宅　当社と包括提携を結んだ高知県では、高齢化が非常に進んでいる。高知県は観光立国なので、古きよき商店街のなかから商店がなくなり〝歯抜け〟のようになると、観光立国としての価値・魅力が下がってしまう。高知県に限らず、地方へ行くとクルマを自社で10台も持っていないようなタクシー会社があったりする。バスにしても、1日1回しかバスが来ないような地域もある。しかし、そういう会社やサービスがなくなってしまうと、その地域のコミュニティーが崩壊しかねない。

田中　公庫が実施したアンケート結果を使って推計すると、約359万社の企業のうち廃業予定の企業は年商10億円超の企業で10・2％、年商3億円超の企業で24・1％、年商3億円以下の企業で53・3％となっている。後継者未定企業まで合わせると約257万社が次世代に経営資源を引き継げない計算になる。地方創生や事業承継はもう国全体で考えないといけない問題だ。

そうしたなかで、面白い事例を紹介したい。後継者問題に直面している高崎市内の飲食店等を「絶メシリスト」として紹介した取組みで、聞くところによると、高崎市長が市の職員に「君たちが利用している美味しいお店で、後継者がいないところを全部リストアップしろ」と声を掛けたそうだ。大手広告代理店に協力してもらい、「顔を出してもいい」という店主らを登場させるなど工夫した。チラシやサイト内には「食えなくなっても知らねえよ～」というユニークな文言も踊る。このサイトが先般、フランスの「カンヌライオンズ国際クリエイティビティ・フェスティバル」のメディア部門で銅賞を受賞し、テレビや新聞などが取り上げた。

また、日本公庫では今年7月30日、「後継者不在企業の事業を譲り受けスタートする（略称「継ぐスタ」）」という創業形態を普及させる目的で「継ぐスタ応援セミナー」を東京・丸の内で開催し、約100人に集まっていただいた。その模様を報じたのがTBSで、日本公庫のお客さまでもある岩手県の精肉店を親族ではない第三者が承継する事例を番組内で取り上げてくれた。

事業承継の「現実」を直視すべき局面

加藤 マスメディアに取り上げられると事業承継のイメージも変わるのではないか。

田中 日本公庫は、第三者に事業を譲ってもいいというお客さまと、事業を引き継いで商売をしたいというお客さまのマッチング支援に取り組んでいる。そうすることで、販売先や仕入先のほか、販路や設備、従業員など、事業を営むうえで必要な経営資源をそのまま承継できる。ただ、事業を譲ってもいいという人の手がなかなか挙がらないのが課題だ。ある地銀の頭取も先日、「商売をやめたい、譲ってもいい、という人のデータが集まらないのが困る」とおっしゃっていた。

語弊があるといけないが、商売をやめるならば、100万円でも200万円でもいいからお金をもらってやめたほうがいいに決まっている。しかし現状では、やめるだけではむしろお金が掛かったりするし、そのことが意外に知られていない。そういう生の情報がこの国にもっと溢れることが重要だ。

三宅 廃業の際には原状復帰費用の支払いやリース残の精算にかかるお金などが必要になる。100万円でも200万円でもいいので企業を買ってもらえたら、そうした金銭的な負担がないので本当に助かる。開業するほうも、総裁がおっしゃられたように初期費用を抑制できるうえ、お客さまも引き継げて、双方がウイン・ウインになる。

田中 TBSが取り上げてくれた岩手県の精肉店の事例では、事業を譲渡した前店主自身がテレビカメラの前で「（この事業承継は）大成功」と満足感を示していた。その精肉店はローストチキンが有名で、その味を残すこと、店名を残すことなど、いくつか承継の条件を出していたが、引き継ぎたいという若い人がそれを承諾した。ローストチキンのつくり方を学ぶために何カ月間か修業に入られたという話も聞いた。そういう好事例がたくさん出てくると、商売を畳もうと考えている人も「俺も事業承継をしようかな」という気持ちになる。飲食店なら、どの方も味や技術や理念を受け継いでほしいと願っている。買い手がそれを受け止めるには売り手と人間的に合わないといけないし、2人で汗をかく時間も必要だ。ここは大事なポイントだ。

三宅 当社はこれまで、中小規模の会社を中心にM&A支援を行ってきたが、「商店さんなど小規模企業を何とかしてほしい」という声がたくさん届いている。じつは米国ではずいぶん前からインターネットを使って安い手数料でM&A支援をするのが活発で、その手法を日本に持ち込めないかと我々も6～7年間研究してきた。それでいま、

加藤一浩

M&A・事業承継・事業譲渡のプラットフォーム・マッチングサイト「Batonz」（バトンズ）を子会社が運営している。登録者は急激に増えている。

田中　精肉店の事例のように双方が笑顔でテレビやポスターに映る事例はまだまだ少ない。それが増えていき、情報が表に出てくるとみんな自信や元気が出てきて「売ることは恥ずかしいことでも何でもないんだ」と考えられるようになる。

それは、地方創生が国策として出てきたからだろう。コンサルティング会社に地方創生の計画を丸投げしてスキームをつくってもらっている地方自治体もある。それがダメというわけではないが、それではなかなかうまくいかない。

例えば、成功しつつあるのが高知県だ。高知県では県内をいくつかのエリアに分け、そこに県の部長クラスを配置しているという。高知県は四国というより日本のなかでも高齢化が進んでいるといわれているので、危機感が他の県とは違う。

地方創生を考える場合には「働く場所」を無視してはいけない。働く場所は「その地域の付加価値・売上」といえる。働く場所を元気にする・潰さない・うまく承継するという世界にすることが地方創生に直結する。それを実現するには、地方自治体、民間金融機関、事業引継ぎ支援センター、日本公庫などがより一層連携しないといけない。

そこで、日本公庫ではいま県知事訪問に精を出している。「おたくの県にはこんな面白い農業があります」「このように頑張って事業承継をしている人がいます」といった情報を知事に伝え、宣伝してもらいたいからだ。すでに17県くらい回った。もちろん、民間金融機関にも足を運んでいる。18年度は２００先くらい回った。経営幹部同士が会うと、現場が仕事をしやすくなる。

事業承継税制の改正が「第二の創業」を後押し

加藤　昨年、事業承継税制の説明会が各地で開催された。経営者の課題や悩みなどを色々とお聞きになったと思うが、今後どのような支援をされていくのか。

田中　昨年から18年度の税制改正を説明するために全国１３５カ所で説明会を開催し、９０００人くらいに集まっていただいた。その際、民間金融機関にもお声掛けし、そのお取引先にも参加していただいた。税制のすべてを分かっていただくことは困難だが、自分たちにとってメリットのある税制ができたんだ、ということは知ってもらえたと思う。経済産業省は19年度、高齢で後継ぎのいない中小企業経営者が親族以外の第三者に事業承継しやすくするため、包括的な支援パッケージを新たに設けて、20年度から取組みを抜本強化する方針を固めている。これも大きなきっかけになるはずだ。日本公庫としてはそうした情報を広めることが大切だと考えている。

三宅　中小・零細企業の社長は技術者や料理人、営業マンあがりが多く、経営管理系の人材が少ない。ほとんどの社長は前向きな話ならすぐに進めようとするが、「事業承継のことを考えないといけない」「健康診断に行かないといけない」といった〝守り〟に弱い。事業承継の重要さについてはみなさん十分理解されているが、どうしても先送りしてしまう。でも日本公庫さんが説明会やセミナーを頻繁に開催してくれるので、「これはいま考えないといけないのだな」と思えるようになってきている。

田中　もう1つ考えないといけないのは経営者保証の問題だ。現状、個人保証の問題は事業承継の大きなネックになっている。50歳くらいまでサラリーマンとして仕事をしてきて、いきなり社長から「会社を継ぐか」といわれた場合、どうなるだろうか。

例えば、番頭さんが実力的には継げると思っても、会社の借入金が2~3億円、それに連帯保証等が付いてくるとなれば、男気で「やる」といってもその奥さんは嫌がる。中小企業のケースで社長の年収が1000万円だとしても、それに1億~2億円の連帯保証が発生するというのでは、承継は難しいと思う。経営者保証による心理的負担が軽減されていくと、一段と事業承継が進むのかもしれない。

加藤 最後に地域活性化における事業承継・M&Aの位置づけをどう考えているか教えてほしい。

田中 事業をうまく承継することができれば、企業にとって新しいアイデアを取り入れるなど経営革新の好機となり、地域の活力を生むきっかけになる。後継者は海外進出や異業種連携など新しい切り口の企業運営を進められるし、それが地方創生につながる。事業承継にはネガティブなイメージがつきまとうが、高崎市の「絶メシリスト」ではないが、明るいイメージを取り入れていくべきだ。

三宅 当社では事業承継を「第二の創業」と位置付けている。事業承継を機にその企業もその地域も元気になっていくからだ。会社をつくり、存続させ、第二創業をしてもらう。それができる人こそ成功者なんだというイメージ、文化をつくっていきたい。日本公庫さんには「地域活性化の中核的存在」になっていただきたい。

田中 地方創生に向けて日本公庫としても力を尽くしていくが、やはり地域のことをよく知る地域金融機関がリーダーシップをとって、地域をけん引していくことが求められる。新しい世界に手を出し、相応のリスクを取って欲しいし、そのときには日本公庫を大いに使っていただきたいと思っている。

三宅 卓

TOP鼎談［23］

東京証券取引所・常務取締役
小沼泰之 氏

週刊金融財政事情
2020年2月24日号掲載

TOKYO PRO Marketの活用で、企業のステップアップの道筋を確立したい——小沼

47都道府県でスター企業を育てたい——三宅

［ゲスト］
小沼泰之 氏
東京証券取引所
常務取締役

三宅 卓 氏
株式会社日本M&Aセンター 社長

［コーディネーター］
加藤一浩 氏
株式会社きんざい 社長

活性化しつつある日本のＩＰＯ市場

加藤　最近の証券市場を取り巻く特徴的な動きは何か。

小沼　最近ではＡＩを駆使した最新テクノロジーが話題になっているが、証券界もグローバルな環境変化や技術革新が進んでいる。私どもＪＰＸも、ステークホルダーとの一層の協力や新たなパートナーシップを通じ、誰もがあらゆる商品を安心かつ容易に取引できる取引所への進化を目指し、プラットフォームの整備を進めている。証券市場の運営、とりわけ売買において重要なのは、バランスのとれた投資家構成を保ち、高い流動性を維持していくことだ。あらゆる投資家がアクセスしやすいプラットフォームをつくることが私どもの重要なミッションの1つだ。

　東証の日々の株式売買代金は2～3兆円台であるが、その6割以上を占めているのは海外投資家となっている。海外投資家は短期目線で株式の売買を頻繁に行う印象をもたれる方もいるかもしれないが、海外の年金基金など、中長期目線の投資家層が海外投資家の3割程度を占めている。この投資家層は一度株式を買ったら長く保有するタイプの投資家であり、日本企業の業況改善やコーポレートガバナンス改革の進展など、企業価値が向上していくことについて関心が強まっている。

　多様な投資スタイルの海外投資家が増えていることはありがたいが、国内の投資家にも目を向け

※鼎談者の肩書および記事内容は掲載当時のものです。

こぬま やすゆき

1961年生まれ。84年東京証券取引所入所。国際企画部、上場部、上場推進部などを経て、11年4月執行役員兼上場推進部長。16年4月常務執行役員（上場推進部・株式（クライアントRM）担当）。17年4月から現職。上場・上場推進担当として、国内外の企業の新規上場、上場企業の企業価値向上に向けたプロモーション活動を統括。

て、日本の機関投資家が日本企業との対話を深く進めていける土壌や、個人投資家が「人生100年時代」のなかで応援したい会社の株式を売買し、中長期目線で投資する土壌、投資家が身近な地域企業を支えるための土壌もしっかり醸成していきたい。

そうしたなか、日本の個人投資家は、特に株式投資をまだ「怖いもの」と見ている面がある。私どもとしても金融・経済の教育を通じて株式投資の意味合いをより深く知っていただきたい。最近は若い世代を中心に資産形成への関心が強まっており、人生100年時代の資産形成をテーマにしたセミナーはすぐに満員になる。証券市場の理解促進に努めていきたい。

加藤　IPOの足元の状況はどうか。

小沼　リーマンショック後はIPOが20社を切る時期もあったが、証券会社をはじめIPO関係者の努力によって、近年は年間で90～100社程度のIPOが実現している。これは、プロ投資家向けの取引市場「TOKYO PRO Market」（TPM）への上場を含めた数字だ。

IPO全体の約3割を占めるのは、東京以外に本社を置く会社だ。19年は東海・名古屋地区の会社が比較的多かった。年によって地域のばらつきが多少あり、九州と関西は例年活況だ。北海道、北陸、中国、四国も毎年一定数のIPOが実現している。あとは東北がもう少し頑張ってくれるといいと思っており、いま上場支援活動に力を入れている。

加藤　業種の特徴などはあるか。

小沼　業種分類の中で比較的多いのはサービス業だ。サービス業のなかでも傾向的にはIT関連の会社が多い。人材派遣、教育、介護など人に関連する会社の比重も上がっている。IT関連でいえば、19年は名刺管理サービスを展開するSansan（サンサン）、クラウド会計ソフト等のERPサービスを展開するフリー、クラウドファンディングのプラットフォームを運営するマクアケなどが話題を呼んだ。

日本ではバイオベンチャーのIPO数が少ないとの指摘があるが、最近3年間はバイオベンチャー企業も毎年上場しており、盛り上がってきている。特徴のある会社が少しずつ出てきて、バラエティーに富んだ雰囲気になっている。

事業承継問題にも関心、本則市場と異なるTPMのメリット

加藤　地方創生を成功させるためには、企業をしっかり存続させたり、企業を成長軌道に乗せてIPOを目指したりする動きが欠かせない。

小沼　これは日本M&Aセンターの尽力の賜物でもあるが、色々な地域の人たちが事業承継問題やIPOに強い関心を向け始めている。各地域でUターンして家業を継ぎたい、地元の発展に貢献したい、という若者も増えてきている。会社が成長してIPOを実現すれば外部の第三者によって評価され、経営の透明性や信頼感がぐっと高まる。優秀な人材が自然と集まり、事業展開や事業承継がスムーズになる。

世界的にはIPOは資金調達を目的にしている

のが一般的だが、日本においては資金調達だけでは評価できない価値、例えば、知名度や信用度の向上にIPOの価値を見出している経営者が多くいる。

三宅　団塊世代が70歳を超え、民間調査会社の調べで日本の後継者不在企業の比率が全体の66％を超えるなど、これまでは中小企業の廃業・事業承継問題が大きなテーマだった。当社も、廃業を抑えようと努力してきた。しかし廃業を抑えるだけでは地域は元気にならない。中堅企業が成長戦略によって元気になっていくこと、そして地元にスター企業が生まれることが大事だ。

47都道府県を回っているが、各地域は教育熱心で、素晴らしい教育を受けた若者が大都市圏の大学へ進む。しかし、そのうち故郷へ帰ってくる比率は低い。それは、輝くスター企業や成長企業が地元に少ないからだ。「20代のときに社員100人、30代のときに300人、40代のときに500人」というような元気な企業があれば、優秀な若者が地元に戻ってくるはずだ。

そういう企業を47都道府県で育てていくなかでIPOは非常に大きな意味を持つ。企業が上場すると成長のスピードががらりと変わる。「東証に上場している」という事実で信用力が高まるし、人材の質も変わる。未上場の中堅企業だとなかなか人が来てくれないが、上場した瞬間に多様な人材がどんどん集まるようになる。

地域の中堅企業がいきなり本則市場（東証一部と東証二部）に上場するのは容易ではないが、いまはTPMがある。TPMは本則市場やマザーズ、ジャスダックとは異なり、独自の制度や基準を有している。ユニークなのは、株式の流動性に関する形式基準が一切なく、オーナーシップを維持したままでも上場できたり、上場の指導・審査・モニタリングを「J-Adviser」（Jアドバイザー）が一貫して行うという点だ。これは中堅企業やそのオーナー社長にとって最高の制度だと思う。

小沼　私どもでは伝統的に、上場審査において「高い流動性があること」「社会に大きく開かれていること」「所有と経営がしっかりと分離されていること」といったところを重視してきた。しかし、いま直ちに「所有と経営の分離」といっても、そう簡単に割り切れない地域の中堅企業もあるのではないかと思う。

そういう企業がファーストステップとしてTPMに上場し、日々上場企業としての社会的責任を実感しながら成長軌道を描いていく、そういったプロセスを踏むという選択肢もある。

TPMや上場の魅力について啓蒙活動に尽力

加藤　TPMの活性化に向け、今後の課題は何か。

小沼　TPMで直接買付けができるのは、いわゆるプロ投資家（金融商品取引法に定められる特定投資家及び非居住者）に限られる。

一般投資家（一定の要件を満たす個人などは除く）が参加できない分、機動性・柔軟性に富む市場運営の実現を目指しているが、新しい市場なので投資家層の厚みがまだ足りない。TPMに参加できる投資家と参加できない投資家の振り分けなどを含め、証券会社の環境整備も十分ではない部分もある。まずはコンスタントに売買される仕組みを早く構築したいと思っている。

加藤　地域の証券会社や地銀の証券子会社、監査法人もTPM活性化のカギを握るのではないか。また、地域金融機関との連携はどうなっているのか。

小沼　地域の会社がTPMに上場したときに、取引先など、その会社をよく知っている周囲の人たちが株式を売買して輪が少しずつ広がっていくと

加藤一浩

いいなと思っている。そのときに地域の証券会社や地銀の証券子会社が果たす役割にも期待を寄せている。また、TPMの活性化には監査法人も重要なプレイヤーだ。私どもでもいま、さまざまなプレイヤーにTPMの意義をお伝えするための勉強会を行いながらコミュニケーションを深めている。

　地域金融機関との関係についていえば、11行の地銀とはMOU（基本合意書）を締結し、協調してIPOの推進活動を実施している。M&Aについては地銀でもかなり態勢を整えているので、「M&Aの延長線上で最終的にIPOするチャンスがあるのではないか」という考え方で検討していただいている。意欲的な地銀は、私どもの上場推進部に若い人材を出向者として派遣してくださっている。

「地銀に戻った人材が地元で顧客を開拓し、具体的にIPO案件を手掛ける」というケースが近いうちに出てくると期待している。

加藤　そんななか、日本M&Aセンターは、TPM上場希望会社の上場審査や上場後の情報開示サポートを実施するJアドバイザーの資格を取得された。どのような思いや狙いがあるのか。

三宅　繰り返しになるが、地域の活性化や地方創生を考えるときには中小企業・零細企業の廃業を抑えるだけではダメで、それにプラスして、中堅企業の成長戦略を描くことやスター企業を育成することが必要だ。私どもはそれを具現化するために資格を取得した。

　全国の地銀・信金も同じ思いを共有してくださっている。だから、「TPMを一緒に盛り上げましょう」という話をしている。先日、九州の地銀とセミナーを開催したときも大変な熱気だった。さまざまな体験談をお話したら、セミナー終了後のアンケートに「TPMに上場したい」「マザーズに上場したい」といった声が溢れた。

　さらに19年は、JPXの協力をいただいて、中堅企業の経営者向けの東証見学ツアーを開かせてもらった。これは、IPOを活用した成長戦略の勉強会と取引所内の見学会を通じて、経営者に自社の将来像を具体的に描いてもらうための催しだ。中堅企業の経営者からしたら、東証は夢の御殿のような場所だ。回転する電光掲示板で有名なマーケットセンター、大納会や大発会はテレビの向こう側の光景だ。しかし現地に足を運び、自分の目で見ると〝実体感〟が出てくる。企業が上場を果たすと、五穀豊穣にかけて鐘を5回つくのが恒例行事だが、自分で鳴らす社長もいれば、協力してくれた役員といっしょに鳴らす人もいる。そういう生の話を経営者が自ら聞くと夢が広がる。地元が活性化し、付き合っている協力会社や得意先が成長すれば、地域金融機関も資金供給が可能になる。

　Jアドバイザーになってできることの1つは啓蒙活動だ。47都道府県を回り、地域の金融機関と一緒に正しい情報を伝えていく。証券市場と企業とのパイプ役になり、「TPMで成長してマザーズやジャスダックに上場したい」という人の数を増やしていくのが私どもの使命になると思う。

地方創生に資する TPMという選択肢

加藤　地域の中堅企業を地方創生の主役にするための東京証券取引所の施策についてはどうか。

小沼　今後、日本は大都市圏集中型のモデルから多数の地域経済圏に分散していくモデルに変わっていくと思っている。社会で更なるIT化が進めば、会社の会議もある程度リモートでできるようになる。「生活圏が分散して豊かになり、そこでのイノベーションが進む」という社会を実現さ

三宅 卓

せるべきだし、各地域にはそういう魅力のある地元の特産、資産がたくさんある。JPXでも、13年に東京と大阪の証券取引所が経営統合し、白地から「何をするべきか」ということを議論している。上場企業は雇用の受け皿であり、特色のある地域経済圏をつくることにもつながるため、IPO推進は重要である。引き続き、各地の金融機関や大学などとの連携を深めていきたい。

三宅　昨年12月23日、TPMに上場していたglobal bridge HOLDINGS（グローバルブリッジホールディングス）が約2年で東証マザーズに上場した。社長とお話をしていると、保育園などの経営を多店舗展開していて、上場するまで信用力がなく、土地も借りられなかった。ところが、TPMに上場すると土地も借りやすくなり、急成長した。M&Aも、いろいろな会社が案件を持ってきてしやすくなっているという。TPMに上場することによって信用力と透明性、成長力を身に着けてマザーズに上場できている。

小沼　TPMは、地域の中堅企業が上場会社としての経験を積むような位置づけ、あるいはより早く社会からの信用を得て事業を加速させる位置づけにもなる。とりわけ日本M&Aセンターや地銀など、地域の活性化に取組んでいる皆さまと協力して、TPMが地方創生に資するインフラとして機能するようにしていきたい。

私どもとしては、地域の中堅企業のステップアップの道筋を確立するようなプラットフォームとしてTPMを提供し、より多くの、バラエティーに富んだ企業にTPMを上手く活用し成長していって頂きたい。

三宅　TPM市場が賑やかな市場になり、企業同士が切磋琢磨し、質のいい企業がきちんとマザーズ・ジャスダックに上場するような流れになれば、マザーズ・ジャスダックの質もまた上がっていく。

小沼　東証の市場構造は東証一部の上場企業社数が最も多くなっており、逆三角形型になってしまっている。それが決して悪いわけではないが、TPMが一番大きな裾野となり、そこから成長し、投資需要の高い会社が東証一部にステップアップしていくという「三角形」に近づいていくと良いと思っている。誤解を恐れずに言えば「TPMにいる間はトライ・アンド・エラーの部分があってもいいじゃないか」と思ってもらってもいいかもしれない。日本の社会は、保守的なところがあるかもしれないが、若い事業家には是非、チャレンジをして欲しい。

三宅　TPMに上場後、場合によっては引き返すことも選択肢の1つ。例えばマザーズに上場し500~1000人規模の株主ができたとすれば、上場をやめるのは簡単ではなくなる。上場すれば適時開示が必要になるが、戦略的にディスクローズするのに向いていない業界・企業もある。TPMを上手く使う企業が増えていけばいいと思っている。

広島銀行・頭取
部谷俊雄 氏

週刊金融財政事情
2020年3月30日号掲載

プラットフォームを整備して「産業の芽」を育む——部谷

地域経済全体を見渡し、ベストプラクティスの問題解決を——三宅

[ゲスト]
部谷俊雄氏
広島銀行
頭取

三宅 卓氏
株式会社日本M&Aセンター 社長

[コーディネーター]
加藤一浩氏
株式会社きんざい 社長

取引先の規模やニーズに応じた課題解決を

加藤 全国各地で人口減・事業者数減が続いている。地方創生についてはどのようにお考えか。

部谷 人口減は避けて通れない問題だ。また、われわれは地元4県（広島、岡山、山口、愛媛）と位置付ける現在の営業基盤を大事にし、地域軸を広げるつもりは全くない。地元4県の県内GDPは合計約31兆円あるが、現状のままでは右肩下がりになる。したがって、地方創生の取組みが極めて重要と考えており、現在推進中の中期計画の三本柱の1つにも掲げている。

よく申し上げることだが、銀行が単独でできることはそう多くない。観光振興や創業・スタートアップ支援など、行政や事業会社、諸団体を始めとした同じ思いや方向性を持つ地域の関係者の方々を1つにまとめ上げること、つまり、地域におけるプラットフォームをつくり上げることが私どもの仕事になる。

加藤 地方創生関連ではどんな動きが出てきているのか。

部谷 観光振興でいえば、瀬戸内を囲む7県の行政、事業会社、金融機関が一体となって運営する「せとうちDMO」を活用して交流人口の増加を図り、県産品をはじめとする地域資源を販売するなどの動きがある。新規事業の創出という観点でいえば、「広島オープンアクセラレーター2019」というプロジェクトがある。これは、プロジ

※鼎談者の肩書および記事内容は掲載当時のものです。

ェクトに参加する広島県内企業の経営資源と全国のスタートアップ企業の特徴的なサービスを結びつけ、参加企業の新規ビジネスの創出を図るものだ。そうした動きが円滑に進むよう的確な仲介を行うのが私どもの役割だ。地域の産業の芽を育むことや地域の雇用を維持することが、今後何年かの大きな任務になると認識している。

へや としお

1960年生まれ。83年広島銀行に入行。02年吉島支店長、05年営業統括部営業企画室長、08年広島東支店長、11年総合企画部長、13年執行役員本店営業部本店長、15年常務執行役員本店営業部本店長、16年取締役常務執行役員などを経て、18年6月から現職。

加藤　今年10月を目途に銀行持株会社体制に移行することを検討されている。あらためて、その狙いについてお聞かせいただきたい。

部谷　申し上げたとおり、地域軸を変えるつもりはない。ただ将来を考えると、規制緩和が進みつつあるものの、従前の銀行業務だけでは多様化するお客さまのニーズに対応し切れない、との思いがある。規制の範囲内で業務を拡充し、お客さまのさまざまなニーズに対応していきたいと考えている。

　現在、私どもは7つの子会社を持っているが、銀行業務が一番に来て、子会社機能の活用は二の次になっている。従業員がもっと自然に「子会社の機能や会社間のシナジーを有効的に活用し、持株会社として利益をきちんと計上していく」と考えられるよう、意識改革をしていきたい。そうした思いから、持株会社体制への移行を検討することにした。

加藤　取引先の経営課題を解決する取組みの一環として人材紹介業にも参入されているが。

部谷　人材紹介については、子会社をつくらず、当行法人営業部内で業務を行っている。始めたばかりで、まだまだこれからという段階だが、事業承継にも絡む人材紹介業は極めてニーズが高い。人材紹介のみならず、将来的には人材派遣業への参入が解禁される可能性もあるので、子会社をつくるのも選択肢の1つかもしれない。ストラクチャー構築は難しいがニーズが極めて高いことは間違いなく、積極的に対応していきたいと考えている。

加藤　事業承継・M&Aを通じて企業を存続させたり競争力を高めたりする取組みを先進的に行ってきた。頭取としてこの間の流れをどう評価しているのか。

部谷　他行に比べてその取組みが多少早く、そのぶんだけ経験やノウハウが蓄積された、という面はあろうかと思う。とはいえ、現在のマーケットニーズに完全に対応できているのかといえば、まだまだだろう。後継者問題のニーズが高いのはデータ上からも明らかだし、地域から企業が存在しなくなるという状況はあってはいけない。したがって、後継者問題や創業・スタートアップ支援については今後も積極的に対応するべきと考えており、最重要施策の1つといってもいい。

　このため、先ほどの「広島オープンアクセラレーター2019」による新規ビジネスの創出に加え、後継者不在企業やベンチャー企業への出資を通して、円滑な事業承継や事業育成につなげるため、本年4月、ファンド運用や取引先などの株式取得を専門に手掛ける投資会社「ひろぎんキャピタルパートナーズ」を設立し、業務軸を拡大していく。

三宅 ニーズの高さは私どもも実感している。19年7月に、広島市や三次市を含め、中国・四国・兵庫エリアの20カ所でセミナーを開催させていただいたが、申込者は3600人強に上った。「産業はあるが、後継者がいない」ということを痛感している企業が多いからだ。20カ所を回ってみて改めて思ったのだが、山間部などでは零細企業や個人商店も残していかないと地域基盤が崩壊しかねない。そうした地域については、当社子会社であるバトンズがインターネットを活用してマッチングを行うなどしているが、「じゃあ零細企業や中小企業を残すだけで地方創生が実現するのか」といえば、そうとはいえない。もう少し規模の大きな中堅企業が成長戦略によって元気になり、優良企業が上場などを通じて〝スター企業〟化していかないと、優秀な人が地元に戻ってこない。個人商店、零細企業、中小企業、中堅企業、優良企業といった各レイヤーにしっかりと目配せしていくことが地方創生の肝だ。

その意味で広島銀行さんは非常に大きな可能性を秘めた銀行だと思う。16年前、他行に先駆けるかたちでM&A支援の業務を始め、レベルの高い案件を手掛けてこられた。経験値は地銀トップ級だ。今後、地方創生を大きく前に進めてくれるのではないかと期待している。

大事なのはリレーションとソリューション

部谷 バイ(買い手)サイドと話をしていると広島県内にも良い企業がたくさんあることがよく分かる。ただ、現状のビジネスモデルの延長線上に確かな成長戦略を敷いている企業は、広島を含め、全国的にもそう多くない。そういう意味で言えば、各企業が「将来に向けて、いまどうあるべきか」を考えるうえでM&Aは有効な選択肢の1つになり得る。

M&Aの成否の鍵を握るのは情報量とタイミングなので、私どもの立場からするとより多くの情報を取引先に提示することが重要になるが、全国の情報を十分に持っているとはいえないので、日本M&Aセンターさんなどから情報提供をいただきながら、バイサイドとセルサイドの双方を良いタイミングでうまくマッチングさせていくことが大事だ。地域内で完結したいというのが本音だが、私どもがいくら「地域内で」といっても取引先にとってはそれがベストではないケースもある。そこは個別の案件について「何がベストか」を考えながら、そのときどきで最善と思われる方法を提示することが大事だ。いずれにしろ、私ども単体であらゆることに対応していくのは難しいので、アライアンスのなかでどう対応していくのかという視点も求められる。

加藤 専門人材の育成などもこれから必須になる。

三宅 広島銀行さんとは、03年にトレーニーとして来ていただくなど昔から良い関係を構築させてもらっている。私も当時、現場の人間だったので、そのかたといっしょに営業をし、経験を積んできた。価値観や考え方を共有しているので、仕事がしやすい。専門人材の育成という点でいえば、私どもではいま出向者向けの「M&A大学」をつくり、M&Aのノウハウを伝えている。M&Aは地方創生に活用できるだけではなく、収益事業の1つにもなり得るので、ストックビジネスとして情報やノウハウを蓄えていくことが大事だと思っている。

加藤 日本M&Aセンターの役割がますます重要になりそうだ。

三宅 セルサイドに関しては、何でもかんでも成約させたらいい、とはならない。たとえば、A社とB社とC社のうち、C社は事業承継問題で困っている、というケースがあったとする。このケースで「どこでもいい」といって東京の大資本に買ってもらうと、東京の大資本がC社の地盤の広島で大暴れし、地場のA社とB社が消えてしまう、という事態になりかねない。

そうした予想図を頭に入れつつ、C社をB社の傘下に入れるべきなのか、A社と合併させたほう

加藤一浩

がいいのか、あるいは他の地区の傘下に入るのがいいのか、といったことを検討しなければいけない。広島経済全体を見渡して何がベストプラクティスになるのかを考え、外部に相談しながら問題解決を図ることが大事になる。現状では、そのレベルの考え方をしている銀行さんはまだ少ないように思う。

部谷　事業承継やM&A支援など、私どもとしては積極的に取組んでいるつもりだが、お客さまから「ひろぎんがそんな業務をしていたのか」といわれることがある。認知度がまだ低いということだ。営業店単位でセミナーを開催したり、関連会社でもセミナーを主催したりしているが、お客さまからご相談をもっとたくさんいただけるよう、各種チャネルを使って認知度を高めていく必要がある。

三宅　認知度を高めることは非常に大切だ。銀行が事業承継・M&A支援を行っていることを知らない人たちもいる。銀行もしっかりアナウンスしているのだが、経営者がそのニーズを感じていないときにはそのアナウンスが耳に入ってこない。支店長からすれば「社長に1回いったのに」との思いもあろうが、頻繁にいわなければ認知してもらえない。頻繁にいっていれば、いざタイミングがきたときに「そういえば何々銀行さんが取組んでいたな。じゃあ、頼もうか」となる。

部谷　この手の話は、セルサイドにとっては極めて重い。誰彼に明かすような話ではない。私どもからすれば、日ごろのリレーションが大事だと考えている。銀行自体の信頼感や、支店長とのリレーションがないと、この手の話はご相談いただけない。私はよく「大事なのはリレーションとソリューション」と申し上げている。地方の場合はソリューションだけでは難しい。リレーションという土台のうえにソリューションがあって初めて成り立つ世界だ。2つを並行して強化していく必要がある。

新しい時代に対応するために自らも変化

加藤　ESG金融（環境、社会、企業統治という非財務情報を考慮して行う投融資）の促進を目的に環境省が実施する2事業（地域ESG融資促進補給事業、地域におけるESG金融促進事業）の指定金融機関として中国地方で唯一採択を受けた。この分野についての取組状況を教えていただきたい。

部谷　ESGやSDGs（持続可能な開発目標）、そして働き方改革などは組織が今後活動していくうえでの絶対条件だ。その世界で一番になる必要はないかもしれないが、一定水準以上のものを備えておかないと社会的責任を果たせない、社会から認めてもらえない、という時代になっている。

「銀行グループとして何をするべきなのか、従業員自身が何をするべきなのか」を考え、ESGやSDGsの考え方を地域内に浸透させていくことが肝要だ。ESGに関する特別融資やSDGs私募債など、さまざまな取組みを進めている。ただ、必ずしも先進行とはいえないので、今後も力を入れていきたい。

加藤　昨今のデジタル化の流れやデジタルトランスフォーメーション（DX）についてはどうお考

えか。

部谷　デジタル戦略にはいくつかの観点がある。まず、お客さまにとっての銀行店舗の位置付けや決済手段が大きく変わるなか、それに変わる顧客接点をどう持つのかという観点がある。できるだけ人手を掛けず、それをどう効率的に持つのかという経営上の観点もある。また、新たな価値をどう創造していくのかという観点もある。これは実際にやってみないと分からない世界だが、私どもではデジタル化の流れは避けて通れないと考え、19年4月にデジタル戦略部を新設し、さまざまなことに挑戦している。

　ただ、この話では「どこでやめるか、どこで見切るか」という視点も必要だと考えている。物事の創成期というのは何でもそうだが、だいたい皆さん同じようなことを考える。1つのことに複数の人たちから同じようなアプローチがくる。当然、私ども単体では成し遂げることは不可能なので、アライアンスの検討をしなければいけないが、八方美人で始めると、収拾がつかなくなる。したがって、どこと組むのかを速やかに決め、やめる場合には「どこで一度やめるのか」という決断を速やかに下す、というのがこの話の重要なポイントだと思う。

三宅 卓

三宅　25年までに83万社が廃業するといわれるなか、M&AのビジネスもBtoBからBtoCの色合いが強まってきた。お客さまが直接問い合わせをしてくるケースも増えてきているが、その問い合わせは私どもに最初に来ないといけない。そうしたお客さまに対し、デジタル情報を積極的に提供するため、デジタルマーケティング部を19年に新設したりデジタルマーケティングやBtoCの専門家を採用したりしている。私どもの社内も、デジタル企業のような雰囲気が出始めている。服装からして、ひと昔前とはだいぶ違う。いろいろな意味で多様性が求められる時代になってきた。

部谷　業務多様化の実現は、ダイバーシティ・マネジメントを進めて多様な人材を確保することに懸かっている。将来的にはいま行っている社内教育の成果が出てくるだろうが、それまでのつなぎの間をどうするのかといわれたら、正直なところ、外から人材を募るしかないと見ている。

　そこで、人事制度を少し変え、一部の行員向けの年俸制を導入した。「既存の行員が年俸制にシフトしていく」というより、「特定分野の専門知識や特殊な技術・ノウハウを有する人たちが自らのステップアップとして当行に何年か来ていただく」というケースをイメージしている。

加藤　21年春には、新本店ビルがオープンする予定だ。

部谷　新本店は広島市の中心地にある。地域のお役に立てる建物にしなければいけないと考えており、1階にはATMコーナー以外、銀行の施設を一切置かないつもりでいる。オープンスペースにし、市民の皆さまが土日も含め、気軽に立ち寄れ、賑わいが創出できるスペースにしようというコンセプトだ。災害などが起きたときの避難場所としても活用いただきたい。私どもはこの地域で活動することを決め、宣言もした。「真っ先にご相談いただけるファースト・コール・バンクグループ」を目指しているが、そう思ってくださるお客さまを増やすためにリレーションとソリューションを強化しながら、より深く認知いただく。それが私どものいま一番大きなテーマになろうかと思う。

三宅　頭取が代わられてから積極的な施策を次々に出されている。行内の雰囲気もだいぶ変わったのではないか。

部谷　就任前から企業文化や風土を変えるのは難しいと想像していたが、思っていた以上だったというのが本音だ。私もこの世界に30年浸かっているので、たとえば法人営業ならすぐに貸出金のことを思い浮かべてしまうが、本来「それ以外に選択肢はないだろうか」と考えなければいけない。そのあたりの意識改革や行動改革はまだまだだ。ただ、M&Aの話もデジタル化の話もそうだが、チャレンジをし、成功体験を積み重ねていくことが企業風土を少しずつ変えていくことになると思っている。

自らが大胆に変化していかないと困難に直面する。業績評価や人事制度も含め、次の時代を見越したかたちで私ども自身がどう変化していくのか、変化できる環境をどうつくっていくのかを追求したい。

TOP鼎談［25］

肥後銀行・頭取
笠原慶久 氏

週刊金融財政事情
2020年5月4日・11日合併号掲載

［ゲスト］
笠原慶久 氏
肥後銀行
頭取

三宅 卓 氏
株式会社日本M&Aセンター 社長

［コーディネーター］
加藤一浩 氏
株式会社きんざい 社長

企業理念を軸とした、現場重視のチームワーク経営を実践——笠原

大手企業や優良企業をスター企業に育てていきたい——三宅

顧客起点の姿勢で日本経営品質賞を受賞

加藤　熊本地震以降の県内経済について。

笠原　2016年の熊本地震では大きな被害を受けたが、その後の復興需要により、5兆円台後半が続いていた県内総生産は17年度に6兆円台に達し、18年度、19年度もその水準を維持したと推計される。阪神・淡路大震災や新潟県中越地震、東日本大震災などで被災した地域を見ると分かるように、復興需要は時間がたつと剥落する。地域によっては被災前の水準を割り込むこともある。したがって、被災地域にとっては復興需要の剥落を食い止めることが課題になる。

19年度はラグビーのW杯（熊本県民総合運動公園陸上競技場が試合会場の1つに）と女子ハンドボールの世界選手権（22年ぶりに熊本で開催）が大きな波及効果を生んだほか、複合施設「SAKURAMACHI Kumamoto」（サクラマチクマモト）が稼働するなどし、剥落を食い止めることができた。

加藤　県内景気は堅調に推移している。（インタビュー当時）

笠原　そういえると思う。私どもを含め、熊本全体が「景気を維持していくんだ」という決意を持つことが肝要だ。この先どうなるのかと心配していると、なるようにしかならなくなる。

熊本県民は独立独歩の気質が強いといわれるが、震災をきっかけに県民の絆が深まり、皆で協力し

※鼎談者の肩書および記事内容は掲載当時のものです。

ていこうという雰囲気が醸成されてきている。地方公共団体、経済団体、銀行の連携もよく、ベクトルが合っている。もちろん、全体の景気がまずまずといっても、未だに仮設住宅暮らしのかたもいるし、支えなければいけない人はたくさんいる。交通インフラもまだ万全とはいい難い。そういったところもしっかりと支えていきたい。

加藤　19年度には、金融機関としては2例目となる日本経営品質賞（大企業部門）を受賞した。

笠原　現在推進中の中期経営計画「新創業2020」（18年4月から21年3月まで）を策定する過程で、日本経営品質賞が「顧客起点で経営を見直し、自己変革を通じて価値を創出できる組織に与えられる賞」と知った。同賞の評価基準を構成するのは4つの基本理念（顧客本位、独自能力、社員重視、社会との調和）や7つの考え方（顧客から見たクオリティ、リーダーシップ、プロセス志向、対話による「知」の創造、スピード、パートナーシップ、フェアネス）などで、私どもが目指す姿や方向性にマッチしていた。真の意味でお客さまを起点に物事を考えていく態勢に転換していこうと前中計からいい続けてきたが、自分たちで顧客起点に転換するといっても、客観的にどのレベルにあるのか分かりにくい。そこで今回の中計では、賞の評価基準に自分たちの組織を当てはめてみて、客観的な評価をいただきながら絶対的な水準を引き上げていくことを目指した。足りない部分が見つかり、組織を見直すことができた。

かさはら よしひさ

1962年生まれ。84年富士銀行（現みずほ銀行）入行。みずほ銀行熊本支店長、職域営業部長、みずほ信託銀行執行役員信託総合営業第一部長等を経て、15年6月、肥後銀行取締役常務執行役員監査部長。18年6月肥後銀行頭取に就任。2019年6月九州フィナンシャルグループ代表取締役社長に就任。

加藤　受賞後、行員も自信を深めたようだが。

笠原　皆で取ろうと一生懸命頑張ってきたので、行員はとても喜んでいるし、私も嬉しい。ただ、ここで安心してはいけない。プロセスがしっかりしているところを評価してもらっただけで、絶対的な水準が高いとは考えていない。このフレームワークを繰り返し直すことで3年後や5年後に「より顧客本位で、より社員重視で、社会との調和を図れる組織」になれると思う。「経営品質元年として今年からまたしっかり積み上げていくんだ」という決意をもち、受賞企業として恥ずかしくない取組みを続けていく。

企業理念が現場の隅々にまで浸透

加藤　地域経済の発展や復興に向けた資金を供給するため、クラウドファンディング（以下CF）の事業会社「グローカル・クラウドファンディング」の新設を発表した。

笠原　新会社の資本金は1億円で、九州フィナンシャルグループ（FG）がそのうちの14・9％を出資する。その他、CFサイトを運営するミュージックセキュリティーズ、熊本第一信用金庫、九州電力などが出資者となる。金融グループが、提携ではなく、CF会社を新設するかたちでCF事業を手掛けるのは初めてのことで、注目度も高いようだ。CFは、個人が応援者として〝意志のあるお金〟を入れていく枠組みだ。私どもでは地域応援ファンドや農業ファンドなども地方創生のためのメニューとして用意しているが、CFも地方創生に資するものと考えているので、メニューの1つに加えた。

加藤 本格的にCF事業参入を決めた理由は。

笠原 全国的にも有名な通潤橋の近くにある酒蔵「通潤酒造」の復興プロジェクトが1つのきっかけだ。通潤酒造は江戸中期に創建された「寛政蔵」を持つが、震災でこの蔵を含む10棟以上の蔵が損壊し、約4000リットルの酒を失った。その後、酒蔵を創造的に再生しようという動きが生まれ、そこに復興補助金のほか、くまもと復興応援ファンド（肥後銀行、鹿児島銀行、日本政策投資銀行などが共同出資したファンド）やミュージックセキュリティーズ社のCFが入った。そういう何重ものスキームを活用した結果、歴史ある蔵はお酒を楽しめる〝居心地のいい観光蔵〟として蘇り、昨年3月に順調に業務を開始した。

三宅 熊本の企業では、菓子製造・販売のフジバンビの案件が印象深い。同社の主力商品である黒糖ドーナツ棒は県民に親しまれ、県外からの観光客にも人気がある。成長余力は十分あるが、オーナーが高齢だったこともあり、後継者問題を解決すると同時にさらなる成長を図る必要があった。そこで、日本投資ファンド第1号ファンド（日本M&Aセンターと日本政策投資銀行が設立したファンドが運営・管理）と肥銀ブリッジファンド（肥後銀行が出資し、肥銀キャピタルとリサ地域ファンドソリューションズが運営・管理）が共同でフジバンビホールディングスを設立し、フジバンビグループ5社を支援することになった。できない理由がいくらでも出てくるような難しい案件だったが、肥後銀行をはじめ、関係者の皆さまがイノベーティブな発想で販路拡大の道を切り拓いてくれた。大手菓子メーカーの役員をスカウトすることにも成功した。

加藤 この案件は、昨年度、日本M&Aセンター主催第7回バンクオブザイヤーの部門賞ディールオブザイヤーに輝いた。

三宅 世のためになる案件や地域活性化に結び付く案件、難しい案件などに贈られる賞で、M&A部門の人間にとっては一番価値がある。肥後銀行の企業理念はお客さま第一主義、企業倫理の遵守と地域社会への貢献、人間尊重の企業文化の確立が3本柱と伺ったが、この案件で協業させていただき、それが現場の隅々にまで浸透していると感じ入った。

笠原 私はよく「企業理念を軸とした、現場重視のチームワーク経営」という言葉を使っている。銀行の組織は現場重視といいつつも中央集権になりがちだが、当行では現場の人間が主体的に考えて行動する組織を目指している。極端な話、企業理念さえ守ってくれたら、あとの細かい部分は現場で自由に考え、自由に行動してもらっていい。そういう現場重視の姿勢がフジバンビの案件にもつながっている。もともとこの企業理念は、1991年に、当時の頭取がプロジェクトチームを立ち上げ、現場の行員たちが議論を重ねてつくり上げたものだ。地銀は何のためにあるのかという存在理由を端的に表したこの理念を、私どもでは30年問い続けている。

感度の高さで 熊本のTPMセミナーが満席に

三宅 地域を盛り上げるのはやはり地銀だ。地域経済の要といえる地銀が縮こまってしまうと、なかなか明るい未来は見えてこない。その点、近年の肥後銀行の動きにはダイナミックさを感じる。顧客起点の発想やイノベーティブな発想で日本経営品質賞やディールオブザイヤーを受賞したり、クラウドファンディングを活用して地元のファンを増やしたりしている。

笠原 経営環境が厳しいのは確かだが、業務範囲規制も少しずつ緩和されてきている。金融だけではなく、人材派遣や事業承継など、地元のためにできることはたくさんある。いまは「地域のために考える」「お客さまのために動く」といった、もっと大事なことを前向きに進めていくべきではないか。日本経営品質賞をいただいた際も「この環境のなかで日本経営品質賞にアプライし、一生懸命取組んでいる。そのことへのエールの意味も込め、今後に期待したい」との趣旨のお話があった。〝絶対水準〟をもっと上げていきたい。

加藤　今後は事業承継やM&Aの専門人材も沢山必要になる。行員の人材育成についてはどのようにお考えか。

笠原　18年に設立した肥銀ビジネス教育という子会社で人材教育を行っている。一般的な業務知識や比較的高度な専門知識はどの金融機関でも教えているが、肥銀ビジネス教育ではITスキル教育と礼儀・礼節・ビジネスマナー教育もメニューに入れている。業務知識・専門知識の教育を中央に据え、ITスキル教育と礼儀・礼節・ビジネスマナー教育をその両翼にしている感じだ。ITスキルは、この先のデジタル時代を生きていくための必須スキルだ。それほど高度なことを教えているわけではないが、基礎になる部分は全員が頭に入れておかないといけない。礼儀・礼節・マナーも重要だ。銀行員に限らず、最低限の礼儀・礼節を家庭や学校で身に付けてこなかったという社会人は少なくない。

　高齢社会のなかでは当然、高齢のお客さまが多くなるが、「さまざまな場面で失礼な言動が出て、信用を得られない」ということがあるとすれば、せっかくの力を発揮できない。ITスキル教育と礼儀・礼節・ビジネスマナー教育はすべての企業に共通する課題なので、いま地域の取引先などを対象にセミナーを開催したり、研修講師を派遣したりしている。

三宅　肥後銀行の役員や行員の方は〝感度〟がいい。じつは当社は昨年、プロ投資家向け取引市場「TOKYO PRO Market」（東京プロマーケット、TPM）への上場を望む企業の審査や上場後のサポートを代行する「J-Adviser」（Jアドバイザー）の資格を取得した。

　なぜ取ったのかというと、零細企業と中小企業だけ救っても地域全体が元気になるとは限らない、と感じていたからだ。真の意味で地域活性化を実現するには零細企業と中小企業の廃業を抑えることに加え、各支店の1～5位くらいの規模の中堅企業を成長戦略によって元気にすること、さらにその上の規模を有する大手企業や優良企業をスター企業にしていくことが必要になる。TPMという新市場を通じてスター企業をたくさん世に出したい。

　そこで、資格取得後の共同記者会見で「TPMのセミナーを熊本で開催したい」と申し出てくれたのが肥後銀行だった。非常に反応が早かった。熊本で最初のTPMセミナーだし、大勢の人に集まってもらうのは難しいだろうと見ていたが、11月のセミナーでは

加藤一浩

用意していた100席がすべて埋まった。集客されたのは肥後銀行の行員で、すでに1社から上場の申請を受託した。スピード感をもって地域の将来に必要なことを主体的に進めていく。肥後銀行にはそういう感度のいい役員や行員が多い。

感度というのは、教育ではなかなか養えない。当社に人材を預けてくれれば、専門知識を教えてお返しすることができる。協業を通じて、マッチングやエグゼキューション（事務手続きの実行や管理）の知識も身に付けてもらえる。しかし県内企業に接触し、相談に乗り、ニーズをキャッチしてくるのは現場の支店長や行員だ。その人たちの感度が上がらないことには、いくら知識を植え付けても、いくら専門家を育ててもどうにもならない。逆に感度さえ上げればあとはどうにでもなるが、肥後銀行はそこのレベルが非常に高い。

「現場が強い組織」をつくっていく

加藤　持株会社九州FGでは今後どのような運営を目指しているのか。

笠原　九州FGでも「企業理念を軸とした、現場重視のチームワーク経営」が重要になる。企業組織というのは一種の入れ子構造だが、どんなに大きい組織であっても同じような構造でなければいけない。九州FGは地域のトップ行同士が経営統合し、誕生した。中央集権的にFGを強くすると、現場である鹿児島銀行、肥後銀行が主体的に考えていける領域や自由に動いていける領域を狭めてしまう。それは、地域を代表する銀行の力を弱めることになる。FGがやるべきことをFGに集め、子銀行がやるべきことを子銀行に集めるという仕分けや整理整頓をし、子銀行が多くの部分について主体的に判断し、機動的に行動できるようにすれば、この体制は生きる。

仕分けや整理整頓という意味では、広報、会計、本部監査の3つを一本化した。それから、証券業務やデジタル業務など、専門性を要する分野や大きな資本がないとできない分野についてはFG主導で進めていきたい。一方、自律的な銀行経営を維持するために営業や審査、平時における人事などは子銀行に任せるべきだと考えている。

システムについてはアプリオリに（先験的に、先天的に）「システムも統合しなければいけない」と考えているわけではない。従来にないビジネスモデルなのでやや難しいが、「統合グループとしてきちんと内部統制を利かせつつ、傘下銀行が強い、現場が強い」という姿になってくると、やりがいのある金融グループになると思う。

加藤　肥後銀行と鹿児島銀行は今年1月、大

三宅 卓

分銀行、宮崎銀行、環境省との間で、SDGsの普及などに関し、連携協定を結んだ。SDGsについてはどのようなお考えか。

笠原　SDGsというのは地銀のあるべき姿にフィットしているので、真正面から取組んでいく。英語だから難しく見えるかもしれないが、日本人が以前から大事にしてきたものがSDGsというかたちで整理されている、と理解している。SDGsは世界規模の話だ。1行単位だと小さいフィールドになるので、県境を超え、いろいろな協力やノウハウの交換をしていけばいいと考えている。九州財務局の管内であるし、阿蘇くじゅう国立公園と霧島錦江湾国立公園という国立公園が東西にまたがる地域でもある。環境省からも「是非、広域でやろう」といっていただき、地域循環共生圏に関する連携協定を結んだ。その他、地公体とも多数、SDGsに関する協定を結んでいるが、それも官民一体となって取組んでいこうという話だ。

加藤　熊本地震からもうすぐ4年になる。メッセージをどうぞ。

笠原　この4年間、県外のかたを含め、本当にたくさんのご支援をいただいた。いまも日本各地で災害が起きていて、他人事とは思えない。まだまだ復興の途上ではあるが、今度はこちらが応援していく番ではないかと思う。

※本鼎談は2020年2月4日に実施したものです。

武蔵野銀行・頭取
長堀和正 氏

週刊金融財政事情
2020年10月19日・26日合併号掲載

［ゲスト］
長堀和正 氏
武蔵野銀行 頭取

三宅 卓 氏
株式会社日本M&Aセンター 社長

［コーディネーター］
加藤一浩 氏
株式会社きんざい 社長

コロナ禍の今こそ、私たちが頑張るべき局面――長堀

異業種企業や規模の大きい中堅企業とのM&Aが重要に――三宅

全先調査を実施し お客さまニーズを把握

加藤　2020年4～6月期の国内総生産（GDP）の確定値は、年率換算では28・1%減だった。これはリーマンショック後の09年1～3月期の年率17・8%減を大幅に下回る戦後最悪の水準だ。新型コロナウイルスの影響で日本全体が苦しんでいるが、埼玉県内の景況感はどうか。

長堀　政府の統計と同じような景況感だ。5月下旬に緊急事態宣言が解除され、6～7月に需要が戻り始めたものの、その矢先に新型コロナウイルスの感染が再拡大し、景気の先行き不透明感が増している。ぶぎん地域経済研究所の調べによると、県内企業の9割以上が何らかの影響を受けている。影響を受けた業種は当初、飲食、サービス、観光、宿泊などが中心だったが、足元では建設、製造などにも広がっている。最近、地元の経営者の方々に状況をお聞きしたが、以前の需要や消費に戻るのはもう少し先になりそうだとの印象を受けた。ウィズコロナを前提とするニューノーマル（新常態）の世の中では、消費活動が平時の7割程度になると言われている。県内企業は、その「7割経済」の中でどう収益を上げていくのかを考えながら、事業モデルの再構築に当たっている。

加藤　コロナ禍で、融資申込をする県内企業が増えているのではないか。

長堀　6600件ほどのお申し出をいただいている。2割弱は新規のお客さまだ。幅広い業種の企業が

※鼎談者の肩書および記事内容は掲載当時のものです。

コロナの影響を受けていて、これまで銀行借入とはご縁がなかった先や、当行とお取引のなかった先が「実質無利子・無担保なら借りてみようか」と考えるようになっている。リーマンショックとは異なり、銀行も体力を付けてきているので、お申し出に対しては満遍なくお応えできている。ある信用調査会社によると、埼玉県内の「コロナ倒産」は8月末現在で9件だ。少なく抑えられていると思う。

ただ、コロナの収束はまだ見えていないので、長期戦を覚悟しながら「コロナの第二波・第三波にどう対応していくのか」「県内企業が事業モデルの変革に動き出すときにどんなお手伝いができるのか」といったことを考えていく必要がある。資金供給はもちろん、次の一手という意味では経営改善や事業再生に向けたビジネスマッチングなどが重要になってくる。行内でよく「お客さまのお金まわりだけでなく、一切合切をお任せいただける、かかりつけ医になろう」と言ってきたが、お客さまが本当に苦しんでいる今こそ、最初に何でもご相談いただける存在になりたいと思っている。

ながほり かずまさ

1961年生まれ。84年武蔵野銀行に入行。06年戸田西支店長、08年越谷支店長、10年総合企画部長、11年執行役員総合企画部長、14年常務取締役、17年専務取締役などを経て、19年6月から現職。

三宅　中小企業の経営者はこの春、ただただ右往左往していた。得体の知れないウイルスが発生したことで、最初に自分や家族、従業員の身を案じ、次に商売の心配をした。緊急事態宣言が出された後、店舗や工場を休みにしてリモートワークを積極的に導入しようという流れになったが、それでは売上げがなくなるし、店や工場を休みにしたところで人件費や家賃は発生する。

そもそも、リモートワークと言っても、全従業員にパソコンを支給できない中小企業もある。だから在宅勤務は実質的に在宅待機になっていた企業も多い。「大変なことになった。銀行からお金を借りよう。国からの給付金ももらわないといけない」と思っても、手続に詳しい人がいない。税理士に相談しようと電話をしてみたら、税理士も休んでいる。そんな状況で、中小企業はてんやわんやだった。

長堀　お客さまのコロナ不安が一番強かった春先、融資取引をしている全先（約2万先）にコロナの影響調査を実施し、担当者にはその後の状況をしっかりフォローするよう、指示を出した。先ほどお話したように融資のお申し出が非常に増えている。入行以来、短期間にこれだけ借り入れのお申し出が集中することはなかった。あらゆる企業が資金を必要としているので、現場には「これはある意味、いい機会だ。先輩といっしょに勉強しながら業務に当たって欲しい」と話している。新入行員を含め、若い行員は地域の経済や企業に貢献したくて地域金融機関に入ってきている。今こそ私たちが地域のため、企業のために頑張るときだと思っている。

三宅　今ほど地域金融の必要性が叫ばれる時代もないだろう。中小企業の経営者は本当に苦しんでいる。緊急事態宣言が解除され、店や工場を開くところも増えてきているが、ソーシャルディスタンスを意識して店の席数を半分にするなどしている。しかし実際には、3割くらいしか埋まっていない。工場も、再開したけど注文が来ないという状況だ。中小企業の経営者はこれから「借り入れの額は増えたが、商売は赤字のままだ。さらに借り入れを増やすべきかどうか」といったところで悩むと思う。

長堀　秋口から年末にかけてそういう状況が起こり得る、というイメージだ。資金が尽きる前にお客さまの懐に入っていき、しっかり寄り添い、事業の再構築に向けた支援に動き出すことが重要だ。その意味で、ソリューション営業人材を現場に配置できるのは大きな強みになる。当行は、預貸ビジネスだけに頼らなくても収益を上げられる銀行になるために、この4年間で計120人のソリューション営業人材を育てる計画を進めている。

ただし現状、本部のソリューション営業部の人員だけで、全店を回り切るのは難しい。当面は「支店の担当者がお客さまのところに行き、ソリューション営業部のスタッフがリモートでそこに加わる」という営業形態も必要になる。このような新しいやり方が定着してくれれば効率はもっと上がる。

「10年ビジョン」でも掲げた役務取引等利益が好調

加藤　中期経営計画でもソリューションビジネスに力を入れることをうたっている。20年3月期決算で役務取引等利益が過去最高の91億円になるなど、ここまでの取組みに確かな手応えを感じているのではないか。

長堀　当行は、創業60周年の節目となる13年に、10カ年の長期ビジョン「MVP(Musashino Value-making Plan)」を策定している。これは、当行が歩むべき次の10年の針路について若い行員も交えて議論を重ね、取りまとめたものだ。このビジョンを達成するために3つの中期経営計画（13年4月から16年3月までの3カ年計画、16年4月から19年3月までの3カ年計画、19年4月から23年3月までの4カ年計画）を設けていて、今、最後の4カ年計画を推進しているところだ。

ソリューション営業人材の育成を進めているし、他社との提携の中で新しいサービスのラインナップも充実しつつある。「半数以上の地銀は本業利益が赤字」と言われる厳しい環境の中では、進むべき方向性を堅持し、そのための施策を打ち出せているのではないか。コア業務粗利益に占める役務取引等利益の割合は20％まできているが、それを30％にまで上げるのが中計で掲げている目標だ。あと2年半ほど、組織を挙げて達成したい。

加藤　ソリューション営業はどの銀行も力を入れている。他行との差別化で心がけていることは何か。

長堀　差別化のカギとなるのは、人と店舗と情報の3つだ。当行では創業以来、地域共存・顧客尊重という経営理念を掲げているが、そのDNAを持つ人材、その理念を体現できる人材をたくさん育成していくことが大切だ。店舗について言えば、デジタル化の進展で店舗についての考え方や位置付けが変わってきているが、店舗があるからこそお客さまや情報が集まってくるとも考えている。

そして店舗から得られる情報については、単に「こういう情報がありました」で終わるのではなく、お客さまの課題解決や成長に資するソリューションをお客さまごとにそれぞれ提供していくことが重要だと考えている。人と店舗と情報をベースにして事業性評価やソリューション営業をスピーディに回していけば地域密着型金融を実践できるし、メガバンクや大手行との差別化にもなる。

きめ細やかな相談対応を展開

加藤　中小企業経営者の大きな関心事が後継者問題だ。高齢化が著しい経営者のためにも、これからは事業承継・M&A支援がより一層重要になる。

長堀　埼玉県は県外への製品出荷や販売額などで全国5～6位の位置にいる。それを支えているのは中小企業だ。中小企業庁の統計では埼玉県内で働いている人のうち8割、130万人以上が中小企業に勤めている。埼玉県は東京に隣接していて、若い人たちも流入してきているが、中小企業の状況を見るとやはり高齢化の問題を抱えている。帝国データバンクの調査によると19年の埼玉県内企業の経営者の平均年齢は60・2歳で、後継者不在

加藤一浩

率は67・6%だ。後継者不在率の水準自体は全国14位だが、企業数で見れば相当の数に上る。コロナを機に「後継者もいないことだし、このタイミングで廃業しよう」というサイレント倒産が増える懸念がある。地域の産業や雇用を守ることが私たちの責務なので、廃業ということが正しい選択肢なのかどうかも含め、まずは最初に相談される存在になることが重要だと思っている。

三宅　私の実感で言えば、事業承継に関しては前倒しが起こっている。それから「子どもに継がせてもいいかな」と考えていた人の気持ちが第三者承継、M&Aのほうに傾いている。頭取がおっしゃるとおり、コロナで廃業を検討している人も多い。私は、廃業だけは絶対に避けるべきだと考えている。世の中に不要な会社などない。存続させた上で地域経済を維持・発展させ、従業員やその家族の人生を豊かにする方策を探るべきだ。

その思いから当社は6月下旬、すべての企業と経営者に向けた提言を発表すると同時に、全国の約25万社にダイレクトメール(DM)を発送し、無料経営戦略相談のご案内をした。DMの反応率は昨年度の8倍だった。DMに記したのは、ウィズコロナの新時代を生き抜くために、企業はリスク分散を可能とする事業構造を構築し、危機に強い会社に脱皮していく必要がある、といったことだ。リスク分散とは、事業エリアの分散、販売チャネルの多様化、サプライチェーンの確保などを指す。

今回のコロナショックで中小企業が学んだのは「いざというとき、一本足打法は弱い」ということだ。7割の稼働率で黒字を出す努力や工夫は大切だが、これからは「事業エリアが首都圏だけの企業は北関東にも進出する」「販売チャネルが実店舗だけならインターネットでも売っていく」「洋服だけを販売しているところは実用品も扱う」「原材料や部品の調達を中国に依存している企業は別のサプライチェーンも確保しておく」といった変革がより重要になる。さらに言うと、その変革を実現するには同業や異業種企業を買収したり、比較的規模の大きい中堅企業の傘下に入ったりする戦略が必要だ。事業承継・M&Aは、銀行のソリューション力が生きる領域だと思っている。

長堀　当行でも事業承継について「自社株評価や株式の移転をどうしたらいいのか」といった相談を受けている。相談件数はここ2年で6倍になった。M&Aについても300件以上の相談があり、こちらもここ2年で相談件数が3倍弱になっている。この数字にはコロナの影響が加味されていない。銀行に相談をしたいというお客さまはコロナ後に増えているはずなので、それをしっかり感知できるようアンテナを張っておきたい。

専門人材の育成という部分では、日本M&Aセンターさんのお力添えをいただいている。日本M&Aセンターさんと業務提携を締結した03年以降、現在本部のM&Aチームに所属する6人を含め、計8人が出向のかたちでお世話になっている。銀行の外に出て、異業種の人と仕事をするという「他流試合」を重ねると、ノウハウ、情報、引き出しが増える。おかげさまで第8回M&Aバンクオブザイヤーの部門賞「地域貢献大賞」をいただくことができた。

三宅　当社の提携行の中で見ると、関東地区でトップ、全国で7位だ。力のあるメンバーがそろっているし、実績もある。埼玉という非常に大きな県の第一地銀としてソリューションビジネスを展開していける実力を十分に備えている。

「拙速は巧遅に勝る」で経営のスピード感を重視する

加藤　地域金融機関のソリューション力が高まれば企業も活性化し、地域創生にもつながる。

三宅　そのとおりだ。しかし、中小企業だけ存続させても地域の経済は決してよくならない。後継者不在による中小企業の廃業を食い止めていくのは地域金融機関の大きな役割だが、それと同時に、中堅企業の成長戦略を実現していくこと、そして若い人たちが「埼玉県内で就職したい」と思えるようなスター企業を育てていくことが重要だ。そうして二の矢三の矢を、銀行と一緒に放っていきたい。

加藤　金融サービスのデジタル化についてはどのようにお考えか。

長堀　デジタル化の進展は銀行経営に大きな影響を与える。今は個人のお客さまの多くが入出金や振込などの簡単な手続を店舗内ではなく、ATMやネットバンキングですませている。金融商品の購入や各種相談で来店されるお客さまについては店舗内で対応できるが、そうしたお客さまに関しては当行のスマートフォン向けアプリ「武蔵野銀行アプリ」などを通じて接点を確保していく必要がある。アプリについては、もっともっとダウンロード数を増やしていきたい。

　大きな変化と言えば、キャッシュレス化の進展もある。政府の想定より早く、キャッシュレス決済比率40％に達する可能性があると見ているので、そういったところも成長の糧にしていきたい。

　デジタルとリアルの融合、デジタルと人の融合という部分ではどの利点をどう伸ばしていくのかが大事になるが、それにはデジタルトランスフォーメーション（DX）を通じて柔軟かつ強靭な組織にしていく必要がある。DXは大きい概念なので、推進は簡単ではないが、できることから進めていきたい。「拙速は巧遅に勝る」という言葉があるように、DXはスピード感が肝になる。銀行員はどうしても、物事を始める前に立派な絵を描きがちだが、今の時代、そのスピード感ではお客さまに置いていかれる。方向さえ間違っていなければ、まず動いてみる。そして改善点が見つかったら、そのつど修正・調整していく、という速い回転が求められると思っている。

※本鼎談は2020年8月26日に実施したものです。

三宅 卓

TOP鼎談［27］

中国銀行・頭取
加藤貞則 氏

週刊金融財政事情
2021年5月4日・11日合併号掲載

［ゲスト］
中国銀行
頭取
加藤貞則 氏

株式会社日本M&Aセンター 社長
三宅 卓 氏

［コーディネーター］
株式会社きんざい 社長
加藤一浩 氏

「地域共創」の思いを核に地域支援を積極化――加藤

コロナ禍で重みを増す地方銀行の廃業やM&A支援――三宅

楽観できない景況感 起業支援に注力

加藤一　コロナ禍が長期化している。岡山県内の景況感はどうか。

加藤貞　日銀岡山支店が2月1日に金融経済月報の中で、県内景気は新型コロナウイルス感染症の影響による弱さが続いているものの持ち直している、と概況を伝えている。東京を中心に緊急事態宣言が出される前に統計された分析だが、足元、昨年4～5月ごろのような厳しさはないと見ている。

水島臨海工業地帯で知られるように、岡山県は製造業の比率が高い。融資の比率で見てもそうだ。代表格は自動車関連産業で、岡山には三菱自工の工場やTier1（一次サプライヤー）企業が多数ある。自動車の販売状況を見ると、中古車を含め、堅調に推移している印象だ。コロナ禍で多くの人たちが公共交通機関からマイカー利用に切り替えていて、新車、中古車ともに販売台数が伸びている。一時、自動車産業のサプライチェーン（部品調達網）に混乱が生じたが、現在はほぼ戻っている。消費もこの状況下にしては堅調と言える。自動車のほか、ステイホームの関係で家電製品が売れている。住宅関連も悪くないと聞いている。

もちろん、飲食業や観光業、生活関連などは厳しい。取引先にもいろいろな経営課題が出てきていて、ご相談をいただく件数もここ1年で増加している。その点については、従来と変わらず、地

かとう さだのり

1957年生まれ。81年中国銀行入行。03年鴨方支店長、05年岡南支店長、08年システム部長、13年取締役人事部長、15年常務取締役、17年代表取締役専務。19年より現職。

域密着型金融を通してしっかり支えていきたい。ただ、決して良いとは言えないものの、少しずつ元に戻りつつある、との印象を受けている。

加藤一　実行中の長期経営計画「Vision2027 未来共創プラン」（ちゅうぎん10年戦略）の第二段階に当たる中計「未来共創プラン ステージⅡ」を推進中だが、手応えは。

加藤貞　地方銀行は、地域経済の活性化を通して地域社会に貢献するべきだと考えている。そこで、地域・お客さま・従業員と豊かな未来を共創するというビジョンを掲げ、（新しい時代の地銀として）こうありたいという想いを長期計画に反映させた。そこに掲げたことを3カ年の前中計と現中計、そして4カ年の次期中計で達成しようと考えている。まもなくステージⅡの1年目を終える。

高齢化や人口減少で地元が疲弊してきているという危機感を持ち、「地元の疲弊を食い止めないといけない。そのときに地銀として何ができるのか」ということを宮長雅人前頭取の時代から真剣に考えていた。まだやりたいことが思うようにはできていないし、マイナス金利などの影響で銀行経営が楽観視できないのは確かだが、銀行業界にも規制緩和の波が来ていて、いろいろなことができる時代になってきたという期待感を持っている。

加藤一　「未来共創プラン ステージⅡ」は、①地方創生、SDGsの取組み強化、②お客さま本位の営業の「深化」、③組織の活性化、④デジタル戦略の強化、⑤持続可能な成長モデルの確立、の五本柱だ。今後の展望については。

加藤貞　このステージⅡでは思い切って「地方創生、SDGsの取組み強化」を五本柱の筆頭に挙げている。イメージとしては、まず当行の経営理念や長期ビジョンがあり、次に地方創生やSDGsの取組みがある。そこを意識できるようになると「お客さま本位の営業の深化」などにもつながっていく。

もちろん、地方創生やSDGsというのは役職員一人ひとりが本気にならないと実現できない。「SDGsと言っても具体的に何をすればいいんだろう」と悩んでいる行員もいるが、お客さまから「自分たちの技術を何とか活かしたい」といった話を聞いたときに「それはSDGsにつながる技術なので、私たちのこのお客さまと結びましょう」と行動していくことが大切だ。そうした行動がいろいろなものにつながっていく。実際そういう動きが増えてきているので、手応えを感じている。

「行内対話」を活発化

加藤一　行員への意識付けや経営理念の浸透には現場の行員とのコミュニケーションが欠かせない。

加藤貞　以前から、経営幹部や執行役員が営業店に直接足を運び、現場の行員と語り合うという場を設けている。そのときどきのテーマに沿って現場の行員に語り掛け、質問を受ける。プライベートな質問や相談も受け付けているので、彼らとのコミュニケーションは1時間半にも及ぶ。役員で手分けして行っていて、私は8カ店を受け持っている。先日その1つである大規模店に訪問したが、そこでは中計への想いや若手時代の経験について話した。「未来」という言葉をよく使っているせいか、「頭取は若いころ、銀行員として将来どうあろうと思って仕事をしていたのですか」と聞かれた。実を言うと当時は目先の業務に一生懸命で、そこまで考える余裕はなかった。しかし、日々業務に一生懸命取組むうちに自分に自信が持てるようになり、得意分野が分かってきた。自分がそうだったので、質問をしてくれた若手には「一生懸命頑張っていたら、こんな仕事をしたい、こんな銀行にしたい、というのが5年後10年後に出てきますよ」と励ました。地方創生やSDGsも同じで、「具体的に何をしていけばいいのか」という部分は徐々に見えてくるものだ。その意味で言うと、いまいろいろものが出てきているので、将来が楽しみだ。

三宅　中国銀行さんの未来共創プランは素晴らしいと思う。地銀を取り巻く環境が非常に厳しいので、地銀の就職人気が下がったり退職者が増えたりしている。2040年には岡山県の企業が30%近く消滅するというデータもある。中国銀行さんはそれを認めた上で「地銀としてこうやるんだ」「自分たちはこういう業務を展開して収益力を高めていくんだ」というビジョンを明確に描いている。

加藤一浩

加藤貞　ありがたいことに、長期ビジョンや中計をご覧いただいた他地域の方々から、中国銀行は変わってきたね、という評価をいただいている。近隣の地銀に勤めていた人が中途で入ってくるというケースも最近あった。中国銀行の考え方に共感してくれる人がいたことが嬉しい。残念ながらその一方で、プロパーの若手が3年もたたないうちに辞めていくケースもある。そこは課題だと認識していて、いまもいろいろなことを考えているが、長期ビジョンや中計がその状況を変えるきっかけになるかもしれない。

県内企業経営者の6割以上が事業承継を課題として認識

加藤一　地方創生を推進する上で事業承継やM&Aは必須だ。20年3月期は680件の相談に応じられており、21年3月期は700件以上に増える見込み。かなり力を入れているという印象だが。

加藤貞　事業承継はコンサルティング業務の中でも優先的に対応する必要がある分野だと思っている。岡山県の企業経営者の61~62%が事業承継を課題の一つに挙げているので、数年前に立ち上げたソリューション営業部の中で人材を固めながら対応している。今回のコロナ禍では最初に資金面でのサポートをしたが、話を聞いてみると、事業承継やM&Aにつながる案件が多かった。その傾向はここ1年で強くなっている。来期、再来期にはもっと増えるのではないかと見ている。

三宅 昨年、「第8回M&Aバンクオブザイヤー」の地域貢献大賞（中・四国ブロック）を贈呈させていただいた。中・四国地区のトップランナーとして走り続けているのは本当に素晴らしい。

加藤貞 現場の行員が、事業承継やM&Aなど取引先の課題に接したとき、銀行全体として、それに応える動きをしていく必要がある。その意味では人材の育成が重要になる。当行では、営業店から所管の部署に数日間研修に来てもらい、取引先でキャッチしたことを所管部に相談するなり情報を流すなりといった動きがスムーズにできるよう、訓練している。研修を通して、若い行員が経験を積んでくれたらいいなと思っている。また、本部行員の育成も重要視していて、他社に出向してもらう、地元の弁護士や会計士らいわゆる士業の人たちの仕事に参画してもらうなど、いろいろな取組みを進めている。

今後については、中途採用にも力を入れたい。東京などの大都市で仕事をしていた人たちが、さまざまな理由で採用の相談に来られる。その人たちも含め、中国銀行のマンパワーをもう一段高めていきたい。中からも外からも、いろいろなことを考えていく必要がある。

三宅 人材育成は政府の議論でも大きなテーマになっている。経産省の調べによれば、現在、経営者が60歳以上という企業は245万社ある。その245万社の経営者は、2025年には70歳以上になる。そのうちの127万社では後継者がおらず、廃業する見通しだ。さらに言うと、そのうちの60万社が黒字廃業だ。黒字でいられるのは、優れたサービスや技術を持っている、おいしい食べ物を提供している、地元の歴史や文化を担っているなど、地元で必要とされているからだ。最低でもこの60万社は救いたいところだが、事業承継やM&Aの実務に精通する人材が不足している現実がある。仮に地銀62行に専門人材が10人ずついたとしても、620人にしかならない。当社単独で350人くらい。つまり、その2倍にも満たない。しかも実際には各行に10人ずついる訳ではない。そう考えると人材育成は喫緊の課題と言える。

当社では、出向のかたちで、地銀の優秀な人材を常時30人くらいお預かりしている。当社に来ていただいた人たちには、最初に檄を飛ばすようにしている。岡山県を取り巻く環境は厳しい。先ほど触れたように、40年には県内企業の30%近くが廃業すると言われている。岡山は昔から教育熱心な県で、偏差値60以上の進学校が数多くあり、多くの人が大都市圏の名門大学などに進むが、大学卒業後に地元に戻ってくる率は28%くらいだ。出向してきた人たちに対しては「この状況、地銀としてどう考えているの？」「どうやってUターン

三宅 卓

率を上げるの？」「どうやって廃業を減らすの？」という厳しい問い掛けからスタートする。

その後で、いまを生きる地銀として何を学ばなければいけないのかを一緒に考え、事業承継やM&Aの必要性や重要性を説く。地銀はこれからコンサル業務が大きな収益の一つになっていくので、人材育成は本当に大事だ。

加藤貞　当行では、行員育成のほか、起業家の種を発掘して育成・支援する「岡山イノベーションプロジェクト」などにも取組んでいる。今年で4年目を迎えるが、イノベーションスクールという学校で起業ノウハウなどについて1年間講義を行い、イノベーションコンテストを実施し、高い評価が付いた案件については資金面で支援する、という流れになっている。当行がこのプロジェクトで関わっている起業家は決して多くなく、万単位の企業が消滅していくという現実の前では小さい取組みに見えるかもしれないが、それでも「無から有を生む」ことに精いっぱい取組んでいきたい。

それと同時に「有を無にしない」よう「つなぐ」取組みを継続していきたい。具体的に言えば、事業承継やM&A、ビジネスマッチングを通して企業や事業を別の会社につなぐということになる。岡山に寄ってきてもらいたいというのが本音だが、場合によっては遠い地域に引き継いでもらうこともあり得る。「自分のところで」「岡山だけで」と考えるのではなく、「全体としてどうしていくのが最適なのか」という考え方で進めていくべきだ。お客さま同士を最適なかたちで結び付けたり、事業承継などのノウハウを共有したりする目的で、19年10月にはトマト銀行、日本政策金融公庫岡山支店と「地方創生に関する連携協定書～おかやま共創パートナーシップ～」を締結した。同一都道府県に本店を置く金融機関の連携で、かつ公的金融機関が加わるパターンは珍しい。営業の最前線ではライバル関係になるし、3金融機関のお客さまがまったく重なっていない訳ではないが、連携はうまくいっている。

コロナで喫緊の課題となった事業承継の相談

加藤一　デジタル戦略の強化やDXについてお聞きしたい。2月1日からmeet in（ミートイン）社のコミュニケーションツールを活用した「オンラインご相談サービス」の取扱いを始めるなど、活発な動きを見せている。

加藤貞　DXは、中計の五本柱の四つ目に挙げている。このデジタル時代においてDXの重要性は言うまでもないが、この分野で進んでいるとは思っていない。むしろ危機感を持っているので、プロジェクトチームをつくり、現在、いろいろと揉んでいるところだ。当行の内側に向けたDXはもちろん、取引先のDXのお役に立つ必要もある。総務省が昨年12月、地方自治体向けに「自治体デジタル・トランスフォーメーション推進計画」を示したように、今後は企業でも自治体でもDXが加速していくと考えられるので、私たちを頼っていただけるよう頑張っていきたい。

三宅　こういう時代だからこそ、地銀の役割が幾何級数的に上がっている。実を言うと、いままで中小企業は事業承継を先送りにしてきた。中小企業の経営者というのはバリバリの営業マンや技術者で、目の前の問題解決には熱心だが、事業承継やM&Aは面倒くさいと後回しにしてきた。「銀行の言うことは分かるが、いまは忙しいから3年後に考えます」という感じだった。それが今回のコロナで高齢の経営者は気持ちが折れてしまい、事業承継の検討が前倒しになっている。実際、当社への相談件数もすごく増えている。「都市部で仕事を失った息子が、地元に帰って家業を継ぎたいと言っているので、ちゃんとした会社にするために買収を検討したい」といった相談もある。

もう一つコロナの絡みで言うと、企業間格差が拡大したという印象がある。工夫に工夫を重ねてイノベーションを推進している企業もあれば、年齢的にもイノベーションが難しくなって、世の中の流れから取り残される企業もある。飲食店でもそうだ。連続的にイノベーションを起こしている飲食店と、通販も宅配もせずにじっと耐えている飲食店とで、大きな差が生まれている。後れを取った飲食店は、いま資金繰りが厳しくなっている。傷を深めるリスクを抱えながらさらにお金を借りるのがいいのか、傷が浅いうちに廃業やM&Aを検討すべきか、という決断を迫られている経営者は少なくない。こうした課題に適切な助言ができるのは、目利き力を持ち、事業性評価を得意とする地銀だ。地銀の役割はコロナ禍で、より重くなっている。

加藤貞　先日、ある著名な脳科学者の講演を聞いた。世界の歴史を振り返ると、感染症のパンデミックが起きた後にはルネッサンスが生まれる、という話が印象深かった。パンデミックの時に「何がいいのか」「何が正しいのか」と本質を見極めるから、新しいものが生まれる。いままで引きずってきたことをやめるから、次のことができるようになる。そうしてルネッサンスが生まれる。オンラインやリモートで仕事をするという新しいかたちは、その一例だ。過去の銀行業界には不要不急な取組みがあったように思うが、今回のコロナでかなりスリムになった。一刻も早いコロナの終息を願うが、悪いことばかりではない。世の中で大切なもの、地域の大切なものを未来につないでいけるよう、時代の動きをしっかりと読み、スピーディーに動いていきたい。

※本鼎談は2021年2月2日に実施したものです。

七十七銀行・頭取
小林英文 氏

週刊金融財政事情
2021年7月27日・8月3日・8月10日合併号掲載

［ゲスト］
小林英文 氏
七十七銀行
頭取

三宅 卓 氏
株式会社日本M&Aセンター 社長

［コーディネーター］
加藤一浩 氏
株式会社きんざい 社長

「チャレンジしよう。チャレンジに失敗は1つもない」――小林

M&Aは結婚と同じ。成約ではなく「成功」を目指せ――三宅

変化に対応するべく10年の経営計画を策定

加藤 東日本大震災から10年、地元地銀の頭取としてさまざまな感慨がおありだと思うが、コロナ禍に見舞われた宮城県経済、東北経済への展望は。

小林 震災で大きな被害を受けたが、政府や全国からの支援、地元住民の不断の努力もあり、ようやくかたちの上では震災前に戻ってきた。しかし、完全に立ち直ったわけではない。例えば、沿岸部では漁獲量が減ったり、魚種が変わったりしたことで苦戦している水産加工所もあると聞く。

こうした中でコロナ禍という未曽有の事態が襲ってきた。東北地方も他県同様、人々の移動が制限されたことで、とりわけ飲食や宿泊などの対面型サービス業界では深刻な影響を受けている。当行は復興と合わせて、コロナ禍で業績が落ち込んでいる企業もしっかりと支えていかなければならない。

また、コロナ禍では行政や企業のデジタル化の遅れが浮き彫りとなった。デジタル化に関しては企業の大小を問わず、テレワークの導入などさまざまなニーズが生まれている。地域の生産性向上の観点からも、行政とも一緒になって地域のデジタル化を推し進めていきたい。

加藤 中期経営計画が3月に終了し、「Vision 2030」と題する新たな10年計画を策定した。「なりたい姿」の実現に向けたキーファクターは何か。

小林 コロナ禍もあって世の中が加速度的に変化

※鼎談者の肩書および記事内容は掲載当時のものです。

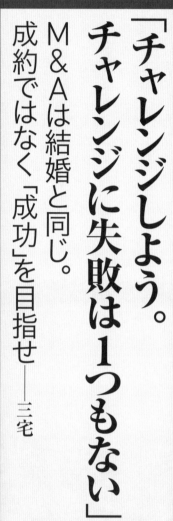

七十七銀行・頭取 小林英文 氏

こばやし ひでふみ

1957年生まれ。81年七十七銀行入行。08年総合企画部長、10年取締役総合企画部長、13年取締役本店営業部長、14年常務取締役本店営業部長、15年常務取締役、17年取締役副頭取。18年より現職。

する中、3年というスパンだと、どうしても「できそうな目標や施策」に走りがちで、変化に取り残されてしまうという危機感があった。そのため、3年間の中計は廃止し、10年間の経営計画に切り替えた。

「Vision 2030」では、新事業・新分野の開拓を大きく打ち出した。いま、新規ビジネスのアイディアコンテストを行って行員から事業のアイディアを募っている。この中からいくつかは、採算等を考えた上で新事業として開始する予定だ。目標は3年間で10個。3年以内に10個スタートすれば、10年以内にそれなりの果実は生まれてくると考えている。

行員全員が自分で事業をやるような感覚を持ちながらビジネスに取り組むと、お客様の目線にも立てると思うので、行員全員に考えさせている。当行のような比較的規模が大きい銀行では、「とりあえず支店長に従っていればいい」と受け身になってしまう行員も多い。慎重なことはいい面でもあるが、いまの時代にそれではいけない。私は「チャレンジしよう。チャレンジに失敗は1つもない」という話をよく行員にしている。10年の経営計画を通じて、当行の企業文化にメスを入れていくつもりだ。

目標達成に向けては、毎年打ち出す短期経営計画を通じて微調整を行っていく。大きな変革ほど3年では終わらないものだ。10年といった長い目線で着実に目指すべき姿に近づいていきたい。

三宅 当社も今年で30周年を迎えたので、20年から30年までの10年間の長期ビジョンをつくった。3年間の中計では、株主が希望する成長率や利益をどう達成するかといったことばかりに重点が置かれてしまう。ところが、10年となると、「(会社として)こうあるべき」という姿が描け、そこに向けてのアクションプランを打ち出していける。

実際、3年だと宮城県の企業数や就業人口がそれほど減るわけではない。しかし、10年先になると、宮城県では企業数が約20%、就業人口が10数%減るといった統計も出ている。3年ではなく10年という目線を持つことで、「10年後に宮城県はこうなる、であれば逆算していまのうちから何をするべきか」という発想を持つことができる。その意味では、七十七銀行さんの「Vision 2030」は素晴らしい取り組みだと思っている。

小林 仙台は27年が人口のピークと言われているので、それまでは緩やかに増えていく。仙台では首都圏に出ていく若者も多いが、それ以上に周りの東北の県から人が流入してくる。しかし、宮城県全体では10年間で6~7%減少する見込みとなっている。

そうだとすると、まだ企業が多いうちに、当行がメインバンクとして選ばれる銀行になって、取引できる先を増やしていく必要がある。同時に、宮城県以外のお客様と新たなネットワークをつくっていくことも重要になる。県外の企業ともかかわりを持つことができれば、将来的には宮城県に対する企業誘致につながるケースも出てくる可能性がある。

何も当行が県外まで行って、他行からメインバンクを取るというわけではない。当行と県外の企業がお互いにウィンウィンになって、ちょっとした取引や情報交換などができる関係性を築き上げていきたい。当行はM&Aにも力を入れているが、お客様同士でいろいろなニーズをマッチングさせることも今以上に可能になってくるのではないだろうか。

銀行は企業にとって最高のビジネスパートナー

加藤　地方銀行ではこれからコンサルティング業務が大きな収益源の柱となってくる。専門性を活かした事業承継やM&Aの重要性は増すばかりだ。

三宅　M&Aをいまだにフロービジネスだと思っている銀行も多いが、実はストックビジネスの側面の方が強い。情報を大量にデータベースとして持っていると、買いニーズと売りニーズをもとにして多くのマッチングにつなげることができるためだ。

　七十七銀行さんは東北6県にネットワークを張り巡らしており、東京や大阪、名古屋にも拠点を構えている。M&Aやビジネスマッチングなどさまざまな分野でお客様同士をつなげて企業の生産性を上げていくことは、地域経済にとってプラスになるだけでなく、銀行の役務収益を向上していく上でも武器になると思っている。

加藤　2020年6月の第8回M&Aバンクオブザイヤーにおいて、「地域貢献大賞」を受賞された。地方創生・地域活性化を推進する上で、事業承継やM&Aの位置付けと人材の育成についてどのように考えているか。

小林　M&Aには高い専門性が求められるし、1件の案件をこなすにも長い時間がかかる。お客様と経営に関するセンシティブな話をするのもそうだし、企業調査や顧客折衝などの実務をこなす難易度も高い。銀行は企業と継続して取引を行い、支援し続けていく立場にある。そういった意味では、「手数料をもらって終わり」とはいかないため、多くのノウハウを備えた人材の育成が大事になってくる。当行ではこれまで日本M&Aセンターさんに9人が出向し、内6人はいま専担部署で活躍している。日本M&Aセンターさんの支援もあって、だいぶ自分たちでも業務をこなせるようになってきた。

三宅　地銀として単独で案件をこなせるだけの実力をつけていくことは重要だ。一方で、M&Aは人間の結婚と同じで、最高のマッチング相手を見つけてあげることがとても大事。企業にとって最高のパートナーを見つけるべく、お互いのデータベースを活用するなど協業できるところがあれば連携していきたい。

　いまいちばんテーマになっているのがPMI（Post

加藤一浩

Merger Integration）だ。つまり、買収した後にうまくいくようにコンサルするということ。結婚もそれ自体がゴールではなく、長い人生を二人で歩んでいくことが重要だ。同様に、M&Aでも成約だけではなく「成功」させなければいけない。「七十七銀行さんのおかげでハッピーなM&Aができた」と言っていただけるようになれば最高ではないだろうか。

小林　銀行とコンサルは非常に相性が良いと思っている。銀行はたくさんの企業と取引があり、昔からの信頼もあるため、気軽に相談してもらいやすい。相談の過程で、M&Aだけではなくさまざまな課題が見えてくるため、必要であれば専門業者につなげることができるほか、資金面での困りごとに対しては我々がサポートしていける。

ただし、融資には回収がつきもの。必然的に継続支援・伴走支援が伴うため、銀行では基本的に、コンサルをやりっぱなしにしたり、手数料をもらって終わりにしたりはしない。そういう意味で、銀行のコンサル営業には非常に可能性を感じている。一方で専門性に欠ける面は否めないため、いま本部を中心にノウハウを仕込んでいるところだ。

三宅　コンサルを行うに当たっては、定量情報と定性情報の2つが必要だ。銀行の場合は融資をしている関係上、企業の財務データなど定量的なデータを持っている。かつ、長く取引を行う中で、取引先の社長の優れたところや趣味、もっと言えば息子の学校の成績なども把握するくらいには定性情報をご存じかと思う。

例えば、「社長はリーダーシップには長けているけれども戦略的な思考が弱い」とか、「二代目候補は戦略的な思考はできるけれども人を引っ張っていく力が弱い」というところまでわかっている。それでもって、お金を貸すことができるため、企業にとって銀行は「最高のビジネスパートナー」といえる。

「スター企業」誕生に向けて東京プロマーケットに参入

加藤　いま、コロナ禍でさまざまな分野に大きな影響が出ているが、事業承継に関してはどのような変化が生じているか。

三宅　1つは事業承継の前倒しだ。コロナ禍前は、事業承継は先送りだった。「支店長の言うことはわかるが、俺はあと3年やりたい」という経営者が多く、事業承継やM&Aを保留にするケースが多かった。それがコロナ禍になって「心が折れた」という高齢の経営者が増え、むしろ事業承継を前倒しし始めた。実際、当社への相談件数も軒並み増えている。

もう1つは、廃業の増加だ。コロナ緊急融資から1年がたつが、黒字化のメドがついていない企業も多い。こうした企業からすれば、金融機関か

三宅 卓

ら追加融資を受けた場合、傷を余計深くしてしまう可能性もある。そのため、「いまのうちに廃業かM&Aを考えたほうがいいのではないか」と考える企業も増えてきた。

昨年の倒産件数は政府の支援もあり30年ぶりに8000件を下回る低水準だったが、廃業件数は約5万件と、2000年以降で最多だった。事業承継の前倒しをする企業と、「融資を受けて延命するか、M&Aや廃業を考えるか」という岐路に立たされている企業が増えている。銀行の支店長はこれらの企業の相談に親身に応じていく必要があるだろう。

小林　よく「中小企業の3分の1は後継者がいない」と言われるが、当行のM&Aは件数だけ見れば非常に少ない。それだけ、企業の間にM&Aという観点が浸透していないともいえるだろう。M&Aがもっと一般的な手段として広まれば、もう少し件数は増えてくるはずだ。コロナ禍では廃業の件数は本当に多いが、実はその半分以上が黒字だったりする。黒字の廃業では経営資源などが引き継がれないため、非常にもったいないと感じている。

三宅　黒字の企業の中には、素晴らしい技術を持っているとか、すごく美味しいものをつくっているとか、あるいは地方の文化を守っているような企業も多い。中小企業庁の調査では、全国で今後10年間に127万社が廃業し、そのうちの60万社が黒字だという。こうした企業がなくなっていくことで地元の味や文化が消えてしまうため、少なくとも黒字廃業だけはなくしていきたい。

私はこの10年間地方創生を手掛けてきた。最初は「中小企業を廃業から守ればいい」という考えでやってきたが、中小企業だけを残すのではなく、零細・中堅・大企業といったすべてのレイヤーに属する企業を守る必要性を感じるようになった。田舎に行くと零細企業である食料品店がライフラインになっていたりする。こうした零細企業を救うのに県と提携して、インターネットマッチングを活用したこともある。また、中堅企業が成長戦略を掲げられなければ、結局のところ県は活性化しない。

もう1つ大きなテーマは、やはり県内で「スター企業」をつくらなければ優秀な若者は帰ってこないということだ。上場企業の数とUターン率は比例しており、例えば全国で最下位は上場企業が1つもない長崎県（5・8%）だ。

当社は20代の優秀な大卒が、「この企業と共に地方を盛り上げていきたい」と思えるような会社を毎年県内で1社上場させたいと考え、昨年東京プロマーケット(TPM)に参入している。TPMは、プロ向けの株式市場でプロ投資家しか参加できないことから、上場基準が緩やかになっている。いまは毎月4件のアドバイザリー契約を取ることが目標だ。

小林　やはり、地域に中堅・大企業がないとどうしても経済のさらなる発展は望めない。当行では、TPMで上場審査などを行っている日本M&Aセンターさんを含む「Jアドバイザー」3社と昨年の12月に業務提携を結んだ。TPMの上場も含め時間はかかるものの、支援先数を増やし上場企業の増加につなげていきたい。

無限の可能性を秘める銀行のデータ活用

加藤　多くの金融機関においてDX（デジタルトランスフォーメーション）の推進がデータビジネスを制するキーワードとなっている。DXの推進を顧客対応と銀行自体、それぞれどういった戦略で行っていくか。

小林　デジタル戦略は「Vision 2030」にも一部盛り込んでいるが、大きく変えていかなければいけないところだ。顧客対応では銀行アプリやダイレクトバンキングなど非対面チャネルの推進を行っていく。店舗はいま事務が中心だが、デジタル化を通じて事務を減らしてコンサル営業中心の場に変えていきたいと思っている。

銀行としても、DXの行内研修を開催するなど行員のITリテラシー強化に努めているところだ。新しい分野ではチャレンジャーバンク、ネオバンク、地域ECのようなものがあるが、これらについても今後検討していく。ただし、世の中の変化や顧客の反応は注視していきたい。銀行側からの

一方的なDXではなく、様子を見ながら進めようと思っている。あとはデータ活用だ。銀行の中にはたくさんのデータがあるが、使い切れていない。さまざまな分析をして、顧客支援など幅広い用途でデータを有効活用していきたい。

三宅　銀行は県内企業で数万社の財務データを自己査定のために保有している。株価算定も銀行が行っているが、相続税評価額で計算していることが多い。15〜20年前は息子が会社を継ぐのが当たり前の時代で、相続税評価額がいちばん大事だった。息子が継いだ場合は「お父さんが亡くなったらいくら税金がかかるか」を気にしていたためだ。

ところが、いまは息子が会社を継がない割合が3分の2程度となっている。そうなってくると株式は従業員に譲るか、M&Aを通じて他社に譲渡する必要が生じてくる。M&Aでは株式を時価で算出する必要があるが、時価で計算してあげている銀行は見たことがない。

しかし、銀行のデータを当社のデータとドッキングすれば、「相続税評価額はこうだけれども、M&Aをする際の時価はこうなる」と両建てで計算を行えるようになる。両方出してあげて初めて、親族に継がせる場合、親族が継がない場合の両方の手当てができる。銀行のデータ活用はM&A1つとっても、可能性に満ち溢れている。

※本鼎談は2021年6月7日に実施したものです。

TOP鼎談［29］

栃木銀行・頭取
黒本淳之介 氏

週刊金融財政事情
2021年10月26日・11月2日合併号掲載

〔ゲスト〕
黒本淳之介 氏
栃木銀行
頭取

三宅 卓 氏
株式会社日本M&Aセンター 社長

〔コーディネーター〕
加藤一浩 氏
株式会社きんざい 社長

スキル向上だけでなく、地域貢献に心を傾けるよう人材に「魂」を込めていく
――黒本

コロナ禍で事業承継の悩みは加速した。銀行の課題解決力がより重要となる
――三宅

「山火事の消火活動」から1本1本の木を診る段階に

加藤　コロナ禍の収束が見えない中、栃木県内の取引先企業の状況はどうか。資金繰り支援以外に、企業支援・地域支援の観点から、どのような方策をとっているか。

黒本　昨春から秋口くらいまでは、まず資金繰り支援ということで、コロナ禍によって蒸発した事業者の売り上げをどう補うかに注力した。企業を木に例えれば、「1本1本の木を見て」というより、山火事が起きた山全体に対して消火活動を行うような活動だった。昨年は5月の大型連休も返上し、職員総出で資金繰り支援に当たり、昨年度末までに約8000件、1200億円の資金供給を行った。そうした支援が奏功し、コロナ禍が直接の引き金となる倒産や廃業は比較的少なかった。

足元では、資金繰り支援のニーズは落ち着いてきている。今後は返済に向けたキャッシュフローの改善や、企業の生産性向上に向けたお手伝いに軸足を移していく。

加藤　新規取引先からの融資申し込みも増えたようだが。

黒本　確かに新規先からの融資の申し込みは増えた。ただ当行が注力しているのは、新規の融資を増やすことではない。おカネだけでは解決できないことがたくさんある。非融資先法人であっても、そこに存在する課題にいかに関与していくかが重要だ。

※鼎談者の肩書および記事内容は掲載当時のものです。

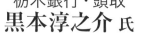

くろもと じゅんのすけ

1958年生まれ。81年栃木銀行入行。03年小山支店支店長、09年人事部部長、11年取締役、14年常務取締役、15年専務取締役。16年から現職。

そうした課題解決に向けて、従来のとちぎんキャピタルというファンド会社にコンサルティング機能を付加するかたちで、昨年10月に「とちぎんキャピタル&コンサルティング」を立ち上げた。雇用調整助成金や事業再構築補助金の申請のお手伝いのほか、事業承継やそれに伴う自社株評価サービスなどを行っている。

加藤 進行中の第十次中期経営計画では、「『課題解決に強い銀行』への進化」として、コンサルティングを柱とした共創型支援の追求とお客さまの多様性に対応できる営業体制の確立を掲げている。中計達成に向け、何を重視しているか。また、現状での手応えは。

黒本 人材育成と並んでマインドの育成が大きなテーマだ。人材は研修や外部へのトレーニー制度によって育成を図ることができるが、そうした人材にどのように「魂」を入れていくのか、すなわち当行の職員が地域に貢献できるかが重要だ。中計で掲げた「課題解決に強い銀行」を通じて、経営理念である「豊かな地域社会づくりに貢献し、信頼される銀行を目指します」の実践につながっているか、目的意識を持って取り組まねばならない。

三宅 「課題解決に強い銀行」というスローガンは非常にタイムリーだ。私もコロナ禍で多くの経営者とお会いしているが、昨年4月に初めての緊急事態宣言が発出されてからしばらく、ほぼ売り上げゼロで家賃と人件費だけが積み上がるような状況が続き、まさに山の消火活動が求められていた。栃木銀行を始めとする各金融機関の資金繰り支援は絶大な救済効果をもたらした。

一方で、事業は再開したものの、製造業、飲食業やそこに関連する卸売業、観光、アパレルといった業種は、黒字転換できないまま資金繰りが再び悪化し始めている。追加融資を受けても傷を深くするだけで、廃業やM&Aを検討する深い悩みを抱く経営者が増えた。こういう状況を的確に捉えて、経営者の真の相談相手として課題解決を中心に据えた栃木銀行の取り組みは時宜を得た戦略だ。

黒本 今年5月に、昨年度下期の半年間、お客さまの課題解決に取り組んだ内容や件数を公表した。課題の総件数（すでに顕在化していた課題と仮説を立て浮き彫りにした課題の合計）が1325件あり、うち744件、56・2％が事業承継・M&Aに対する課題だった。これは三宅社長がおっしゃった肌感覚を裏付ける結果だと思う。

もともとコロナ禍前から課題はあり、そこにコロナ禍という課題が重なった。支店長会議などで話しているのは、「コロナ禍対応は新たな課題ではない」ということ。解決に向けたスピードが上がっているだけで、やるべきことは変わらない。先ほど当座の資金繰り支援を山火事に例えたが、これからは「1本1本の木を診ていく」作業になる。企業ごとに事業再生の手法は異なる。

事業支援セクションを単独部署に昇格

三宅 山火事を鎮めた後の木々を診断したときに、

焼けた枝を切り落とす必要がある場合もあれば、倒木を防ぐために支柱を設置すべきケースもあり、土壌改良を行うべきケースもあるだろう。個々の企業の事情を深く知ろうとすることは、真の課題解決にとって不可欠な姿勢であり、まさに樹木医のような役割が栃木銀行に求められている。

黒本　そうした取り組みを続けていくと、A社へのソリューションがB社に応用できるなど、成功体験が次の課題解決につながっていく好循環が生まれる。

当行では、コロナ禍前からCRMシステムを導入しており、取引先の担当者の交渉履歴やヒアリング内容が登録されている。その情報は、当該取引先を抱える支店長だけでなく、僚店の行員や本部も閲覧できる。こうしたシステムにより支店をまたいだ情報交換ができることも、課題解決に向けた武器となっている。

加藤　本年4月1日付けで、法人営業部にあった「企業支援室」を「事業支援部」に格上げさせて、伴走型事業支援の強化を図った。

黒本　本業支援の在り方を突き詰めると、事業支援セクションを法人営業部の一室に置くのではなく、結果にコミットできる単独の部署とすべきだと考えた。コロナ禍を受けて、事業支援は銀行として本腰を入れて取り組まなければいけない業務だとあらためて認識し、中計で掲げた本業支援に向けたサポートの一環として、このような改組を行った。改組に当たり、人員も増やし、部長には執行役員を据えている。

加藤一浩

三宅　当社も同じ趣旨で「再生支援室」を作り、銀行の再生案件のサポートを行っている。地方の文化を担っていたり、地元の名物を作っていたり、どうしても残したい企業がコロナ禍で大打撃を受けている中で、「再生させてほしい」という声が当社に寄せられている。

加藤　第8回M&Aバンクオブザイヤーの地域貢献大賞を受賞された。地域と共にお客さまと成長するというスローガンを掲げる中で、事業承継・M&Aをどう位置付けているか。

黒本　お客さま自ら相談を持ちかけづらいけれども、今から着手すべき課題と捉えている。お客さまの後継者難による事業譲渡の側面もあるが、事業拡大のためのM&Aのニーズもある。

先ほど、昨年度下半期に取り組んだ企業課題として、56・2%が事業承継・M&Aに対する課題と述べたが、そのほか24・4%が事業の成長に向けた課題だった。そうした両面が浮き彫りになったのも、コロナ禍を受けた個社別のモニタリングによるものだ。

三宅　基本的に事業承継は、親族に継がせるか、番頭に継がせるか、M&Aを行うかの3パターンしかない。いずれの方法も数年かかり、先を見据えた準備が重要だが、経営者はそれをなかなか自覚できない。

会社を息子に継がせることが決まっていても、そのままでは事業が立ち行かないリスクもある。とりわけ人口減少が進む地方都市を拠点に、父親(現経営者)が一代で事業を立ち上げた場合がそうだ。一代で築いたということは、おおむね30年前のビジネスモデルだ。それをそのまま息子に継がせても、そのビジネスモデルが時代に合わなくなるリスクがある。一定の潜在需要があったとしても、人口減少が進む地方都市では十分な売り上げが得られない。

そうならないためには、例えば東京や埼玉の会社を買収して、そこで受注をして、栃木で生産するといったような新しいビジネスモデルが必要だ。事業承継に早期に備え、父親と息子が二人三脚で第二創業を目指す中で、経営者としての実力、カリスマ性、新しいビジネスモデルの三つを身に付けさせることが大事だ。

そのためにも、事業の永続に向けた課題の洗い出しとその解決方法を栃木銀行と一緒に考えていく、ということが大事になってくると思う。

栃木銀行が2年連続でM&Aバンクオブザイヤーを獲得されたのは、課題解決型の銀行としてのマインドが支店にまで浸透しているからこそだ。さらに課題解決の向上に資するべく、人材を当社に派遣いただいている。こうした取り組みが栃木銀行のお客さま支援の高度化に着実につながっていると思う。当社も栃木銀行との連携を通じて、地元の輝く企業を応援していきたい。

三宅 卓

事業承継専担者を重点拠点ごとに配置

加藤 事業承継・M&Aに携わる人材の育成についてはどのような施策を打っているか。

黒本 事業承継・M&Aは、私が新入行員だった頃には研修にも通信教育にもなかったカテゴリーだ。正直言って今の支店長級の人間でこの分野を指導できる人間はいない。

そのため、当行は14年から6名の行員をM&Aセンターに出向させてきた。6名のうち4名は、栃木県内の本部に所属している。県内の店舗をブロック分けして、各ブロックの事業承継・M&Aの専担となっている。残る2名のうち1名は、埼玉県の越谷支店に常駐し、同支店の近隣9カ店の事業承継・M&A案件やそれに関わる職員の指導を行っている。もう1名は埼玉の大袋支店に籍を置きながら、近隣の7カ店のお客さまの事業承継やM&Aの相談に乗っている。

彼らにはこの分野のロールモデルとして他の職員の規範となってもらい、拠点ごとに人材育成を図っていく。専担者一人が実績を上げていくのではなく、教育を兼ねて、支店の担当者に随行して知見やノウハウを共有していく体制をとっている。現状、コロナ禍で集合研修は難しいため、このようなかたちで強化を図りたい。

三宅　M&Aは地方創生や活性化といった銀行の持つ使命を果たす意味でも役立つ分野であると同時に、銀行の収益面でも新規開拓をしていくツールになる。M&Aが実現すれば銀行の手数料収入になるほか、会社を譲渡した人には大きな譲渡益が入るので、資産運用の提案につなげることもできる。

そういう意味でも、当社に出向いただいた6名を核として、事業承継・M&A人材を強化されているのは素晴らしい取り組みだと思う。

銀行の持つ豊富な情報をDXで一元化

加藤　金融におけるデジタルトランスフォーメーション（DX）の推進が一つのキーワードとなっている。

黒本　当行のDXは発展途上であり、まだまだ課題は多い。まずできることからということで、先ほど申し上げたCRMシステムの活用を行っている。また、営業現場ではipadを活用している。訪問記録のデジタル化のほか、ファイナンシャルプランの提案から金融商品の約定までipadで行っており、これによって営業担当は事務処理の時間を年間2万1000時間以上削減できた。コロナ禍でデジタル化は加速しており、当行もどんどん新しいデジタルの手法を取り入れていかねばならない。

三宅　地銀は、取引先の財務情報から、地元経営者のプロフィールまで、定量・定性いずれにおいても非常に高度な情報を持っている。地元取引先の経営者が70歳になり、後継者を考えねばならない時期になっていることを把握している。そして、その息子が高学歴で都内の一流企業に勤めていることも知っている。事業承継の課題があることは分かり切っていて、しかも解決につながる情報も行内にある。そうした情報をデジタルによって一元化し、提案につなげれば、課題解決と銀行の収益の双方に結び付く。

黒本　お客さまに関する深い情報を持っているのは地銀の強みだが、それがしっかり受け継がれているかが課題だ。引き継ぎ書では細かいニュアンスまで残せない。日々の営業活動をデジタル端末に落とし込んでいくことで、例えば自分が担当していなかった10年前の事柄まで把握して、「社長そういえば昔こんなことをおっしゃっていましたよね。あの件、今はどうですか」と提案もできる。

必要なのは「融資もできるコンサルティング機関」

加藤　政府が打ち出した「50年温室効果ガス排出実質ゼロ」を受けて、サステナブルファイナンスについても金融界に対する期待は大きい。

黒本　サステナブルファイナンスを含むESGの取り組みについて、地域金融機関として何ができるのか、検討を重ねている。実は今年7月から、環境省に職員を1名出向させている。当行として政府機関に職員を派遣するのは初めてのことだ。

きっかけは当行のESGプロジェクトだ。19年度に宇都宮市大谷地区の大谷石採掘跡にある未利用の地下貯留水を活用した省エネルギーハウス農業を計画し、ESG金融の在り方や事業性評価プロセス構築などに着手した。そうしたところ、本プロジェクトが環境省の地域ESG金融促進事業に採択され、同省との関わりが強まった中で、当行職員の同省への派遣が実現した。

当行がESGについて何ができるのか、次にその取り組みをどう収益につなげるかということが課題だが、まずはやってみるという精神で検討を進めていく。

加藤　銀行のビジネスモデルの変革の必要性がいわれ、金融庁も業務範囲に関する規制緩和を進めている。これからの銀行のビジネスモデルをどう考えるか。

黒本　マイナス金利政策や市場のカネ余りという状況下で、預金を集めて融資を行うという従来型の銀行のビジネスモデルは、銀行業務の中核ではなくなってきている。「融資もできるコンサルティング機関」というのがこれからの銀行像だ。そこで収益源となるのは貸出金利息に加えて役務収益、つまり手数料収入だ。融資は資金を提供するのに対し、役務収益は課題解決という価値を提供する。例えばM&Aによって、売り手も買い手もプラスになるような取り組みの仲介を行った金融機関にも適正な対価をいただく、「三方よし」で成り立つビジネスが重要になってくる。

これまで事業承継の相談というと、「後継者の息子もまだ若いので、指導役となるような銀行OBや支店長経験者を派遣してくれないか」といった要請が多かった。それも一つの課題解決だが、人材紹介業の銀行本体参入など規制緩和が進み、より多様なソリューションが提供できる時代になってきた。M&A以外にも、ビジネスマッチングや資産形成支援といったコンサルティング機能の提供に徐々に軸足を移していく。

当行はカード会社とリース会社を保有しているが、今年3月末に100％子会社化した。これにより連結収益力の向上を図りつつ、銀行と一体になってお客さまの多様なニーズにより積極的に応えていけるようにしたい。

TOP鼎談[30]

沖縄銀行・頭取
山城正保 氏

週刊金融財政事情
2021年11月9日号掲載

コロナ下、事業承継・M&Aで雇用を守ることが最重要課題に——山城

地銀はヒト・カネ・情報に加え、モノも動かす地方経済の中枢——三宅

〔ゲスト〕
山城正保 氏
沖縄銀行
頭取

三宅 卓 氏
株式会社日本M&Aセンター 社長

〔コーディネーター〕
加藤一浩 氏
株式会社きんざい 社長

コロナ禍が大黒柱の観光関連産業を直撃

加藤　コロナ禍の収束が見えないなか、沖縄県内の取引先企業の現況や企業支援・資金繰り支援の状況はどうか。

山城　日本で最もコロナ禍の影響を受けたのが沖縄県ではないかと思っている。沖縄県の主要産業に観光関連産業があり、コロナ禍前の２０１９年は年間約１０００万人の観光客を受け入れるなど、非常に活況を呈していた。コロナ禍によりそれがほとんど失われたまま1年半経つ。

　コロナが蔓延し始めた20年2月、当行は取引先約８０００社に状況を確認した。やはり観光関連産業を中心に、「非常に厳しい」という声が聞こえてきた。そこで、同年の2月から5月までの４カ月間に約５０００件、約２５００億円に上る既存融資の条件変更に対応した。条件変更を希望する業種は、飲食業、小売業、旅館・ホテル業などの観光関連産業のほか、アパートや住宅などの不動産賃貸業が多かったが、印象としてはほぼ全業種が影響を受けたくらいの感覚がある。

　もちろん、信用保証協会のセーフティーネット保証の付いた無担保・無保証融資、いわゆるゼロゼロ融資は多くの取引先にご利用いただいた。国や県、マスコミにアピールしていただいたおかげで、これまで取引のなかったお客さまが相談に来られる機会になった。民間金融機関によるゼロゼロ融資は今年3月で期限を迎え、3月には非常に

※鼎談者の肩書および記事内容は掲載当時のものです。

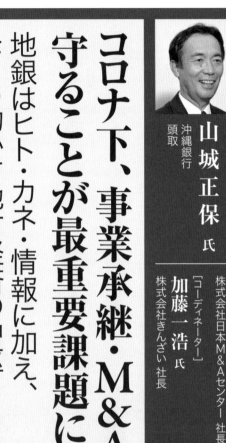

やましろ まさやす

1959年生まれ。82年沖縄銀行入行。2002年商業団地支店長、10年審査部長、11年執行役員審査部長、12年執行役員営業統括部長、13年取締役委嘱総合企画本部長、14年常務取締役、18年より現職。

多くの駆け込み需要があった。期限を過ぎてからは当行もプロパー融資で支援するほか、沖縄県の政策金融機関である沖縄振興開発金融公庫に取引先の資金繰りを頑張って支えていただいている。ただ、沖縄県も他の地域同様、なかなかコロナ禍の収束が見えず、業種によって資金繰りはまだまだ予断を許さないのが現状だ。

「M&Aシニアエキスパート」が部課店長の必須資格に

加藤　今年4月に新たな中期経営計画「NEXT INNOVATION」を策定した。課題認識と対応する戦略の方向性として、「M&A、事業承継ビジネスの展開」を掲げているが、事業承継・M&Aの位置づけをどのように考えているか。

山城　沖縄県では、県の経済を支えてきた中小企業の事業承継が大きな課題となっている。沖縄県の中小企業の後継者不在率は20年に81・2%と、全国ワースト1位になった。急いで事業承継・M&Aを進めなければという思いで、行員の資格取得などを進めている。

三宅　沖縄銀行は事業承継への想いが深く、当社と金融財政事情研究会が共同企画・運営している「M&Aシニアエキスパート」の資格取得者数が193名と、全国1位となっている。

山城　従前から事業承継は沖縄県の大きな課題と認識していたが、そのためにはまず行員の知識レベルを引き上げることがどうしても必要だった。営業推進を担当する常務取締役となった14年に、営業店の部課店長すべてがM&Aシニアエキスパートの資格を取るように旗振りをした。

三宅　銀行が資金の仲介役から情報の仲介役やソリューションを担うことが重視される時代となり、現場の知識レベルが一段と問われるようになっている。M&Aシニアエキスパートは本来、本部の方向けの資格だ。営業店の部課店長がほとんどその資格を持っていることにより、お客さまは身近な支店で相談でき、とても心強いのではないか。

山城　本部はあくまでデータが集中する場であって、最初にお客さまのニーズを捉え、生のデータを取得するのは営業店だ。営業店の支店長や役席クラスの人たちが知識を持ってお客さまに接しなければ、入ってくる情報は限られるし、お客さまのかゆい所に手が届くソリューションを提供することは難しい。ご指摘の通り、営業店の支店長や役席クラスがM&Aシニアエキスパートの資格を取って、お客さまの生の声を吸い上げることがお客さまに寄り添うことにつながると考えている。

加藤　役席以上のクラスが資格を取っていると、若手もその背中を見て、「こういうふうになりたい」「資格を持っていればこんなにしっかりお客さまと話ができるんだ」という思いになるのではないか。

山城　まさしく、お客さまに「本当に沖縄銀行で

加藤一浩

良かった」と思っていただける人材育成の重要性を痛感している。そのため、資格取得を奨励するとともに、M&Aセンターには出向でこれまで何人も行員を派遣している。当行に戻ってからは営業店や本部の各方面で活躍している。

三宅　地銀で初めて当社に出向の派遣をされたのも沖縄銀行で、多士済々の方々が来られている。

地域商社で沖縄県を「攻めの経済」に

加藤　今年7月、地域総合商社みらいおきなわを設立したが、その意図と狙いは何か。

山城　沖縄県は、先述のとおり、第三次産業である観光関連産業を中心とした産業構造である一方、これまで第一次、第二次産業がなかなか育たなかった。今般のパンデミックによって第三次産業は大打撃を受けており、リスク分散を図るべく、足腰の強い第一次、第二次産業を育てていかなければいけないと考えている。

　しかし、産業構造を変えるのは簡単なことではない。沖縄がアジアに近いという地理的優位性は確かにあるが、本土から仕入れると輸送コストがかかるという不利な面も否めない。それをどう克服するかが常に課題としてついてまわる。

　言うなれば、沖縄経済はこれまで、観光客が来県するのを待つ「受けの経済」だった。しかし、今般のパンデミックで明らかになったように、待っているだけではリスクが大きい。そのため、他の地域に乗り込んでいく「攻めの経済」に転換していく必要性を痛感している。沖縄県の企業が他の地域に攻めていくためのソリューションを提供し、トップラインを維持・向上することを目的として、みらいおきなわを設立した。

三宅　沖縄には日本で指折りの魅力的な料理や観光地があり、全国に沖縄ファンは多い。観光客だけに販売するだけではなく、全国に年中販売するEコマースなどいろいろと可能性がある。地域商社はまさに「沖縄県の魅力を売る」という、地域銀行が果たすべき一つのミッションと考える。

山城　土産物は観光客に「沖縄に来たから買っていただける」という側面があるのに対し、年中全国に販売していくためには、商品として本当に魅力のあるものを作らなければならない。付加価値が高く、競争力のある商品づくりのソリューション提案をみらいおきなわで手掛けていきたいと考えている。

三宅　後継者がいない企業には事業を存続できるよう、M&Aの提案を行い、それ以外の企業にはトップラインを引き上げられるよう、みらいおきなわで成長戦略を描く手伝いをする。まさに地方創生に向け、事業承継・M&Aと地域商社を車の両輪として進められている。

山城　他の都道府県と同様、沖縄県には素晴らし

三宅 卓

いベンチャー企業があり、第二次産業を育てる観点でも地域商社には非常に可能性を感じている。例えば、小型焼却炉「チリメーサー」を開発、設計するトマス技術研究所が、医療廃棄物に触れずに焼却炉に投入できる「メディカルチリメーサー」を完成させた。開発のきっかけは世界中で猛威をふるう新型コロナウイルス。従来型のチリメーサーを導入しているインドネシア・バリ島の医療機関から「ウイルスが付着した医療機関廃棄物に触れずに焼却炉に投入できる仕組みが必要」という要望があり、この仕組みを開発し大変喜ばれている。小型焼却炉という発想は、沖縄ならではの事情もある。廃棄物、特に医療廃棄物の処理は非常に高度な技術が必要だが、沖縄の離島にある医療機関が廃棄物を処理するコストはとても高い。トマス技研のチリメーサーは医療廃棄物でも完全燃焼による処理が可能で、医療機関の施設内に設置することで「困りごと」を解決できる。

　このように素晴らしいソリューション技術を有する県内企業の商品を、みらいおきなわを通じて全国に展開していきたいと考えている。その際、当行が有する地銀のネットワークで情報交換しながら話を進めていくことが非常に大事になるだろう。

「単独自営」システムの強み

加藤　中計では、お客さまの利便性向上のためのデジタルトランスフォーメーション（DX）への言及が多くあるが、どのような取り組みをされているか。

山城　DXについては、地銀の中では比較的進んでいるのではないかと考えている。例えば、18年11月に「おきぎんStarPay」という事業者向け決済サービスを始めたほか、19年3月に、OKI Payという銀行口座に連動したスマートフォン決済サービスをリリースした。また、同年5月にはおきぎんSmart（おきスマ）という残高照会・送金アプリの提供を開始した。このOKI PayやおきスマはオープンAPIを駆使している。オープンAPIには参照系と更新系があり、参照系は残高照会にとどまるが、この二つの決済サービスは元帳の残高を変えることができる更新系で、口座間の資金移動が可能だ。更新系のオープンAPIでスマホ決済サービスの提供を開始したのは地銀で最も早かったと認識している。

　OKI Payもおきスマも、利用開始から2年でかなり利用者が増えている。OKI Payは現在3万4000ダウンロード、おきスマがその倍以上の約7万ダウンロードまで達した。おきぎんJCBカードのアプリは、カード発行後約30年の歴史を通じた利用者の地盤があるため、12万ダウンロードまで達しているが、それに比しても、OKI Payとおきスマの成長スピードは利用者に喜ばれている証と受け止めている。おきスマは、おそらく来年3月までには10万ダウンロードまで増えると見ている。

　このほか、中小企業向けのDX戦略として、当行は20年11月、ココペリという東京のIT企業と提携し、Big Advanceという経営支援プラットフォームの導入を開始した。Big Advanceは、中小企業のDXを後押しするプラットフォームであり、福利厚生、人材派遣、ビジネスマッチング、ホームページ作成など多様なDXサービスを提供している。当行の取引先1300社に契約いただき、取引先には「有料会員の月会費3000円以上の付加価値がある」と非常に好評をいただいている。

　更新系オープンAPIをいち早く導入できたのは、システムを共同化したり、ベンダーに丸投げしたりすることなく、単独自営で行っているからだ。行内にSEが多く育っており、ちょっとしたシステムの修正は行内ですべて行っている。銀行は装置産業であり、自営でなければ新規事業を行うにもベンダーや他行と調整する必要があるが、当行はスピーディーに進めることができる。自営であることでシステムに拡張性があり、独自性ある戦略を実現できる。

三宅　沖縄銀行の事業を進めるスピードは日ごろから実感している。例えば、当社ではM&Aの企業価値を算出する独自のシステムを構築しているが、沖縄銀行は導入を決断してから、自行システムに組み込むまでがとても速かった。ベンダーに相談する必要がないことが速さの秘訣であり、他の事業についても経営上の大きな武器になるだろう。

加藤　IT人材の育成ができるのは非常に大きい。取引先にDXを提案する面でも強みを発揮するのではないか。

山城　取引先に対する提案など、IT人材を育成してきた効果はこれからますます発揮できると期待している。地銀はシステムを共同化する方向に進んでいるが、当行は今のところ単独自営を貫く考えだ。銀行システムは単独自営の時代がきたのではないかと思うほどだ。

「金融をコアとする総合サービスグループ」に

加藤　資金繰り支援のほかに、沖縄県の事業者をどう支援していく考えか。

山城　コロナ禍において事業者が銀行に求めることとして、資金繰り支援や既存融資の条件変更は当然ある。だが、銀行ができることはそれにとどまらないはずだ。コロナ禍がいつ落ち着くか先を見通せないという人たちに対して、廃業を勧めるのではなく、これまで培ってきたのれんを引き継ぐよう、M&Aに結び付けることが当行の大きな使命と考えている。商流を太くし、伝統を受け継ぐ事業承継、M&Aが最も大事な課題の一つと考え、力を入れている。

　おいしいものを作り、文化を担い、技術力がある企業も、ひとたび廃業すればそれらが失われてしまう。そして何より、廃業すると従業員は失職してしまう。それをM&Aによって新たな企業にバトンタッチするのはとても重要なことだ。

　沖縄県は全国的に所得が低いという問題もある。M&Aによって集約し、設備投資などを進めることで生産性が上がり、結果的に従業員の給与も増えることが期待できる。

加藤　「地域と共に成長する金融をコアとする総合サービスグループ」として、10月に沖縄フィナンシャルグループが設立された。持株会社に踏み切った頭取の決意は。

山城　沖縄県の経済規模は全国の1%にも満たない。その中でインバウンド需要が盛り上がってきていたが、コロナ禍により大打撃を受けた。

　今後は例えば単に観光客数を年間1000万人にすることを目指すのではなく、より質が高く、付加価値の高い観光業に変わっていかなければいけないと考えている。

　その中で当行が何をなすべきか。先述のとおり、金融業だけでなく非金融業も含めたサービスの付加価値を高め、総合サービスグループに変わっていくために持株会社形態にする決断をした。非金融部門でも、沖縄県の事業者のお手伝いができるようなグループにすることが目的だ。その具現化の一つがみらいおきなわであり、これまで当行のグループがお手伝いできなかった領域までビジネスを拡張し、お客さまのトップラインの底上げやコンサルティング支援をしていきたい。

三宅　地銀界の中でも、持株会社化への動きは早かった。

山城　当行の規模で持株会社化に踏み切った銀行はまだないと思う。規模で躊躇することがなかったのは、総合的なサービスを提供するグループに衣替えしていくという明確な考えがあったためだ。

三宅　やはり、国も県も懸命に地方活性化策を打ち出しているが、結局のところ、地方経済における主人公は地銀だと思う。地域の優秀な人材を雇い、お金の中枢機関であり、情報も持っている。ヒト・カネ・情報のみならず、地域商社を設立することによりモノも動かせるようになった。それを持株会社化によって実現することは、まさしく地方創生に直結する。

山城　持株会社化によって、メガバンクではできない「地銀ならでは」の金融・非金融の事業を多く手掛けていき、沖縄県のために尽力していきたい。

トップ鼎談の舞台裏と M&A人材育成制度の紹介

株式会社きんざい
代表取締役社長／グループCEO
加藤 一浩

連載企画 「トップ鼎談」のはじまり

本書は、「週刊金融財政事情」の企画広告として2013年から連載が始まった「トップ鼎談」をまとめた書籍版です。超ご多忙の中、本企画にご協力賜りました各金融機関トップの方々に厚く御礼申し上げますとともに、書籍化の再録をご快諾いただき深く感謝いたします。

日本M&Aセンターの三宅社長と金融財政事情研究会 倉田勲（元理事長・現グループ顧問）の間で本企画が持ち上がったのは、2013年の初めです。「週刊金融財政事情」年4回の特大号に合わせて、地域金融機関のトップを招き、「鼎談」という形式で「事業承継・M&Aの実践事例を語る」連載がスタートしました。

倉田がコーディネートしながら三宅社長と地域金融機関トップの3人が向かい合う、文字通り〝鼎談〟によって「地域の活性化と中小企業支援における地域金融機関の役割」について、時宜を得た地方創生への戦略と地域への想い、各金融機関独自の企業支援施策の数々が紹介されています。第二十一回からは加藤がコーディネーターを務めています。

「鼎談」の舞台裏

鼎談は必ず各金融機関に赴き実施いたします。三宅社長と加藤、広報担当者、週刊誌記者、カメラマン、日本M&Aセンター・きんざい随行員など総勢10名程になります。事前に当日のテーマと進行案は決めておりますので、写真撮影が済み次第すぐに鼎談に入ります。進行案に従って加藤の質問にトップと三宅社長から回答をいただくという形式です。最近は次の5つが主な質問項目です。

①（コロナ禍を踏まえた）地域経済の景況感について
②事業承継・M&Aビジネスの実践事例
③事業承継・M&A専門人材の育成策、資格取得やトレーニー制度等について
④業務範囲規制の見直しや金融機関のビジネスモデルの変革に対する見解
⑤DX・グリーン等新たな経営課題への対応

その他、地方創生を踏まえた地域独自の戦略や各金融機関との横断的な業務提携、基幹システムグループでの連携、ホールディングス化や新本店完成の話など当初は約1時間の予定でスタートしますが、それ以上に盛り上って、大体時間をオーバーします。

多くの金融機関トップは、事業承継を「喫緊の課題」と考えています。三宅社長のまえがきにもあるとおり、後継者不在廃業予備軍とされる中小企業は127万社にのぼり、今後10年間でそのうちの60万社が黒字廃業するかもしれない現実、コロナ禍でさらに廃業が加速するという怖れ、これらに対してどのように経営支援・事業支援をするべきか、情熱はほとばしり熱く語るトップの言葉にも大いに力が入ってくるのです。

「トップの箴言」と「三宅語録」

「鼎談」では、まさに「トップの箴言」というべき言葉によく出会います。少しだけご紹介いたします。

「拙速は巧遅に勝る」「お客様のお金回りだけではなく、一切をお任せいただける、かかりつけ医になろう」（武蔵野銀行 長堀頭取）

「「無から有を生む」と同時に「有を無にしない」よう「つなぐ」取組みを継続していきたい」「感染症のパンデミックが起きた後にはルネッサンスが生まれる。パンデミック時に「何がいいのか」「何が正しいのか」本質を見極めるので新しいものが生まれる」（中国銀行 加藤頭取）

「大事なのはリレーションとソリューション」「チャレンジし、成功体験を積み重ねていくことが企業風土を変える」（広島銀行 部谷頭取）

「コロナ禍は山火事の消火活動を行うようなものだった。これからは1本1本の木を診る段階にきている」（栃木銀行 黒本頭取）

どの言葉からもトップの経営に対する真摯な姿勢と拘りが感じ取れます。鼎談には、他にも多くの箴言が散りばめられています。皆さんも印象に残る言葉を探してください。

同じように三宅社長の言葉も秀逸です。題して「三宅語録」。

「一本足経営からの脱却（コロナ禍）」
「地域のスター企業を作れ（東京プロマーケット）」
「M&Aをいまだにフロービジネスだと思っている銀行も多いが、実はストックビジネスの側面が強い」
「M&Aは顧客の本当の姿を全部知らな

いとできない。ビジネスモデル、財務、さらには家族関係のセンシティブな部分に深く関わるので、バンカーとしての素養が身に付く」

等々。

三宅社長はとてもエネルギッシュです。よく通る声ではっきりと話されますので聴く者を安心させます。WEBやリモートでの講演・対談等も多数こなされているので、論理が明快でわかりやすい。どんなことを話せば聴く者が喜ぶか、正にツボを得た語り口です。

また、三宅社長は気配りの人でもあります。相手の緊張を和らげたり、困っていると助け舟を出してくれたりします。それが常に絶妙のタイミングなので、いつも「ありがたいなあ」「勉強になるなあ」とこちらは感心しきりです。情熱を持って熱く語られますので、興奮して絶叫しているように聞こえる時もあります。三宅社長は何事にも真剣勝負なのです。

実務に即した実践的エキスパート資格認定制度

「鼎談」でもしばしば取り上げられていますが、ここで事業承継・M&A専門人材の育成に関する資格制度を紹介します。豊富な実務知識の習得と事業承継・M&Aに対して高い関心を持っていただけるよう2012年、金融財政事情研究会と日本M&Aセンターは共同で金融機関行職員を支援する「M&Aシニアエキスパート」認定制度を創設しました。2014年には「事業承継・M&Aエキスパート」認定試験も創設し、事業承継・M&Aに関する知識・スキルの適正なレベル認定と着実なステップアップが図れるよう、資格認定制度の体系を整備しました。さらに2017年には上記2資格の中間に位置づけられる「事業承継シニアエキスパート」認定制度を創設しました。

「M&Aシニアエキスパート」と「事業承継シニアエキスパート」はそれぞれ認定講座の修了者が認定試験を受験して、合格すると資格認定を受ける制度になっています。2012年からスタートした「M&Aシニアエキスパート」は累計で3739名(21年8月末現在)が資格認定されています。認定者が最も多い団体は、本書の最後にご登場いただいた沖縄銀行(193名)です。

また、シニアエキスパートに連なる認定試験制度には「事業承継・M&Aエキスパート」と「事業承継・M&Aベーシック」(2019年創設)の二種類があり、いずれも指定会場で受験いただくCBT方式の試験です。「事業承継・M&Aエキスパート」は累計で30298名(21年8月末現在)が認定を受けています。

M&A業界団体の設立と展望

まえがきにもありましたが、今般、日本M&Aセンターが中心となって新たに業界団体が設立されます。M&A仲介業界が健全に拡大し、使命を持って活動するためのレベルアップを目的としています。今後は、事業承継・M&A認定資格制度も業界団体とタイアップしながら、業界の健全な拡大とレベルアップに微力ながら協力していきたいと考えています。

最後になりましたが、常日頃から「週刊金融財政事情」をお読みいただき誠にありがとうございます。週刊誌とともに、この鼎談企画も引き続きご愛顧賜りますよう、どうぞよろしくお願いいたします。

M&Aは
地域活性化のソリューション
―企業の価値を未来へつなぐ地域金融機関―
改　訂　版

令和３年11月18日　第１刷発行

編　　　者　株式会社日本M&Aセンター
　　　　　　株式会社きんざい
発　行　者　加藤一浩
印　刷　所　シナノ印刷株式会社
TOP鼎談撮影　坂野昌行
デ ザ イ ン　藤井康正

発行・販売　株式会社きんざい
〒160-8520　東京都新宿区南元町19
編 集 部　TEL 03(3355)1770
　　　　　FAX 03(3357)7416
販売受付　TEL 03(3358)2891
　　　　　FAX 03(3358)0037
URL https://www.kinzai.jp/

ISBN 978-4-322-14007-1